솔로몬의 마지막 훈수

솔로몬의 마지막 훈수

저자 김원태

초판 1쇄 발행 2019. 11. 19.
초판 3쇄 발행 2019. 12. 12.

발행처 도서출판 브니엘
발행인 권혁선

등록번호 서울 제2006-50호
등록일자 2006. 9. 11.

서울특별시 송파구 백제고분로28길 25 B101호 (05590)
마케팅부 02)421-3436
편집부 02)421-3487
팩시밀리 02)421-3438

ISBN 979-11-90308-05-2 03230

독자의견 02)421-3487
이메일 editorkhs@empal.com

북카페 주소 cafe.naver.com/penielpub.cafe
인스타그램 @peniel_books

도서출판 브니엘은 독자들의 책에 관한 아이디어나 원고를 설레는 마음으로 기다리고
있습니다. 책으로 엮기를 원하는 아이디어가 있으신 분은 위의 이메일로 간단한 개요와
취지, 연락처 등을 보내주십시오. 머뭇거리지 말고 문을 두드리세요. 길이 열립니다.

도서출판 브니엘은 갓구운 빵처럼 항상 신선한 책만을 고집합니다.

지혜자 솔로몬에게 듣는 인생 수업

솔로몬의
마지막 훈수

★ ★ ★ ★ ★

김원태 | 지음

프롤로그 : 인생을 어떻게 살 것인가?

　우리는 인생을 한 번밖에 살지 않는다. 그래서 "인생을 어떻게 살아야 하는가?"라는 물음은 정말 중요한 질문이다. 이 세상에 존재하는 동물 중에 오직 사람만이 왜 사는지를 고민한다. 소나 개나 닭은 왜 사는지 고민하지 않는다. 나는 대학교 1학년 때 이에 관해 깊이 고민했다. 나이가 스물이 넘었음에도 왜 사는지 고민하지 않았다면 짐승과 다를 바 없다. 사람이라면 반드시 왜 사는지 고민해야 한다.

　사람은 한 번 살아온 길을 되돌릴 수 없다. 인생은 일시적이고 제한적이다. 그래서 하루를 정말 잘 살아야 한다. 하루는 작은 한평생이다. 하루하루가 모여 인생이 된다. 하루를 아무렇게 사는 사람은 자칫 잘못하면 평생 후회하는 길을 걷게 된다.

그리스신화에 시시포스라고 하는 남자가 나온다. 그는 제우스의 형벌을 받아 지하세계의 산기슭에서 커다랗고 둥근 바위 하나를 그 산 정상까지 매일 밀어 올려야 했다. 시시포스가 낑낑대며 그 무거운 바위를 정상에 올려놓으면 바위는 다시 산 밑으로 굴러 떨어졌다. 그 때마다 시시포스는 터벅터벅 산 밑으로 내려와 다시 바위를 굴려야 했으며, 그의 노역은 절대 끝나지 않고 영원히 계속되었다. 시시포스의 이야기는 지루한 고역의 연속이다. 그의 인생에는 목적이 없다. 그의 공허한 일상은 끝없이 되풀이되었다.

시시포스의 신화는 카뮈에 의해 실존주의적 의미로 해석되기도 하여 잘 알려진 이야기이다. 현대인 중에는 시시포스와 같은 삶을 사는 사람이 많다. 우리는 자기 나름대로 의미 있다고 생각되는 일을 한다. 젊은 시절에 공부를 하고 인생의 성공을 위해 열심히 살지만, 어느 날 덧없는 인생이었다는 것을 알게 된다. 대부분의 사람들이 다람쥐 쳇바퀴 돌듯 시시포스와 비슷한 생활을 한다. 아침에 출근하고 저녁에 퇴근한다. 매일 똑같은 일을 수없이 반복한다. 돈, 성공, 쾌락, 명예 등 일시적인 기쁨을 좇아 질주하다 인생을 거의 다 낭비하고, 결국 깊은 허무에 빠진다.

자칫 우리 인생이 허무가 되지 않으려면 인생을 어떻게 살아야 하는지 분명한 목표를 오늘 정해야 한다. 오늘은 내 인생에 남아 있는 날의 첫 날이기도 하고 마지막 날이기도 하다. 왜냐하면 오늘로 내 인생이 끝날 수도 있기 때문이다. 그 누구에게도 내일이 온다는 보장은 없다.

"그러면 우리는 정말 무엇을 위해 살아야 하는가?"

솔로몬은 세계 최고의 지혜자였다. 그는 세 권의 책을 남겼다. 그가 사랑에 빠졌을 때 기록한 아가서, 그가 성공했을 때 쓴 잠언서, 그리고 그가 인생을 마치면서 남긴 전도서이다. 전도서는 인생의 성공을 위해 쓴 책이 아니다. 전도서는 그가 평생을 살면서 후회하지 않는 인생이 되려면 어떻게 살아야 하는지 깨달은 점을 기록한 책이다. 당신은 이 책을 통해 솔로몬이 가르쳐주는 인생 수업을 받게 될 것이다.

이 책은 1부와 2부로 나누어져 있다. 1부는 인생의 허무를 말하고, 2부는 인생의 허무에 대한 대안을 말하고 있다. 특히 2부를 통해 당신이 평생 가졌던 인생에 관한 질문이 말끔히 해소되길 바란다. 이 책은 당신의 전 인생을 후회하지 않는 인생으로 이끌어줄 것이다. 솔로몬이 말하는 최고의 지혜를 이 책을 통해 분명하게 찾게 되길 바란다.

글쓴이 김원태 목사

C·O·N·T·E·N·T·S
차 례

- Part 1 -

인생은
무엇인가?

곧 사라지는 인생의 허무를 이기라

언젠가 차를 타고 가다 〈임국희의 여성살롱〉이라는 방송을 듣게 되었다. 한 60대 여성이 울먹이며 자신의 사연을 말하고 있었다. 자신은 어릴 때 부모님이 돌아가셔서 시집도 안 가고 파출부 일을 하며 동생들을 대학까지 다 보냈는데, 지금은 미국에 사는 동생에게 전화하면 부담스러우니 연락하지 말라고 한다면서 인생이 참 허무하다는 것이었다. 참 안타까운 사연이었다. 그렇다면 정말 이 여성의 말처럼 인생은 허무한 것일까? 우리 인생은 무엇을 위해 사는 것인가?

전도서의 원래 히브리어는 '코헬레트' 다. '코헬레트' 라는 단어는 전도서에 7번밖에 나오지 않으며 다른 성경에서 찾을 수 없는 희귀한 단어이다. 이 말뜻은 사람이 모인 곳에서 말하거나 전달하는 사람이란 의미로 '성직자', '설교자'를 뜻한다. 히브리어 '코헬레트'가 '전도서'라는 말로 번역된 것은 넓은 의미에서 의역한 것이다.

그렇다면 전도서는 누가 기록하였을까? 전도서 1장 1절에서 답하고 있다. "다윗의 아들 예루살렘 왕 전도자의 말씀이라." 전도서는 다윗의 아들이며 예루살렘 왕이었던 솔로몬이 기록하였다. 솔로몬은 젊은 날에 사랑의 노래 아가서를 썼고, 인생의 절정기에 있을 때는 잠언서를 기록했다. 그리고 인생의 황혼기에 지나온 삶을 되돌아보면서 거의 죽음 직전에 기록한 책이 바로 전도서이다. 그래서 전도서는 인생의 성공을 위한 책이 아니라 인생 자체를 어떻게 살아야 하는지 말하는 책이다.

솔로몬의 지혜는 뛰어났다. "솔로몬의 지혜가 동쪽 모든 사람의 지혜와 애굽의 모든 지혜보다 뛰어난지라"(왕상 4:30). 솔로몬은 수많은 잠언을 기록하였고, 천 편이 넘는 노래를 지었다. "그가 잠언 삼천 가지를 말하였고 그의 노래는 천다섯 편이며"(왕상 4:32). 성경에 나오는 잠언이 약 900개의 격언을 담고 있다는 것을 고려해볼 때 그가 말한 잠언 삼천 가지는 엄청난 양이라는 것을 짐작할 수 있다. 그는 동물학과 식물학, 자연과학에도 능통하였다. "그가 또 초목에 대하여 말하되 레바논의 백향목으로부터 담에 나는 우슬초까지 하고 그가 또 짐승과 새와 기어 다니는 것과 물고기에 대하여 말한지라"(왕상 4:33).

솔로몬의 지혜는 타고난 것이 아니었다. 그는 평범하게 태어났다. 그는 다윗의 아들 19명 중에 10번째로 태어났다. 다윗의 첫째 아들은 암몬, 둘째 아들은 다니엘, 셋째 아들은 압살롬, 넷째 아들은 아도니야였다. 다윗이 나이가 들어 거동이 힘들게 되자, 넷째 아들 아도니야가 스스로 왕이 되었다. 그때 암몬과 압살롬은 이미 죽고 없었다. 아도니야는 지혜 있는 똑똑한 사람이었고, 많은 신하의 지지를 받고 있었다. 반면 어린 솔로몬은 카리스마도 없고 지혜도 없었으며 따르는 신하도 없었다.

아도니야가 왕이 되었다는 사실을 안 밧세바는 병상에 누워 있는 다윗을 찾아가서 넷째 아들 아도니야가 왕이 되었다는 소식을 전하고, 자기 아들 솔로몬이 왕이 되게 해달라고 간청했다. 다윗은 자신의 의사와 상관없이 왕이 된 아도니야를 괘씸하게 여겨 나단 선지자를 불러 솔로몬을 왕으로 지명했다. 나단 선지자는 다윗 왕의 명을 받들어 솔로몬을 왕으로 추대했다.

어린 솔로몬은 자신이 왕이 되자마자 곧바로 일천 번제를 드렸다. 일천 번제를 드렸다는 것은 소를 천 마리나 태웠다는 뜻이다. 소를 한 마리 태우는 데 최소한 5~6시간이 걸린다. 그 당시 제단에서 나무에 지핀 불로 온종일 쉬지 않고 소를 태워도 하루에 두세 마리밖에 태우지 못한다. 그런 상황에서 천 마리를 태우려면 적어도 일 년은 족히 걸린다. 솔로몬은 왕이 되어서 해야 할 일이 엄청나게 많은데 제사만 드렸다. 왜 그런 일을 하였을까?

솔로몬은 자기 자신의 힘으로는 왕위를 유지할 수 없음을 알았다. 그에겐 나라를 다스릴 지혜가 없었다. 그래서 그는 하나님 앞에 바짝 엎드린 것이다. 그가 그렇게 일천 번제를 드리자 하나님께서 꿈에 솔로몬에게 나타나 무엇을 해줄까 물으셨다. 솔로몬은 다른 것이 아닌 오직 지혜를 구했다. 하나님은 그 요구를 합당히 여기시고 지혜를 부어주셨다. 솔로몬의 지혜는 타고난 것이 아니었다. 공부해서 얻은 것도 아니었다. 그것은 위로부터 내려오는 지혜였다.

혹시 당신에게 지혜가 필요한가? 지혜가 없다면 부모를 원망하지 말고 지혜의 근원이신 하나님께 기도하라. 하나님께서 지혜를 구하는 자에게 부어주실 것이다. "너희 중에 누구든지 지혜가 부족하거든 모든 사람에게 후히 주시고 꾸짖지 아니하시는 하나님께 구하라. 그리하면 주시리라"(약 1:5)

솔로몬은 하나님께서 주신 탁월한 지혜로 나라를 다스렸다. 나라는 부강하였고 최고의 영토를 갖게 되었다. 그는 성공한 왕이었다. 그는 세상의 모든 부귀영화를 다 누렸다. 그런데 그가 쓴 전도서의 첫 구절이 무엇인가?

"헛되고 헛되며 헛되고 헛되니 모든 것이 헛되도다"(전 1:2).

똑같은 말을 두 번 하면 그것을 강조라고 한다. 세 번 하면 굉장히 강조하는 것이다. 그런데 다섯 번이나 똑같은 말을 되풀이하면 글을 쓸 줄 모르는 자가 된다. 솔로몬은 수많은 책을 쓰고 수많은 노래를 지은 지혜로운 자였다. 그런 그가 똑같은 말을 다섯 번이나 계속하였다. 그만큼 인생이란 헛된 것이라고, 강조하고 또 강조하고 싶었던 것이다.

여기에 '헛되다' 라는 말은 히브리어로 '헤벨' 이다. 이 단어는 구약성경에 70번 기록되었는데 전도서에만 36번 나온다. 이 '헤벨' 이라는 단어는 바람, 약한 안개, 미세한 수증기, 가치 없음, 의미 없음, 일시적인 것 등을 말한다. 영어로는 'meaningless' (의미 없음)로 번역된다. 솔로몬은 인생이 아무런 가치도 없고 의미도 없다는 말을 한 것이다.

이런 인생의 허무는 솔로몬만 말한 것이 아니다. 모세도 인생의 허무를 말하였다.

"그들은 잠깐 자는 것 같으며 아침에 돋는 풀 같으니이다. 풀은 아침에 꽃이 피어 자라다가 저녁에는 시들어 마르나이다"(시 90:5-6).

야고보 사도도 인생은 허무한 것이라고 말하였다.

"내일 일을 너희가 알지 못하는도다. 너희 생명이 무엇이냐. 너희는 잠깐 보이다가 없어지는 안개니라"(약 4:14).

솔로몬은 수많은 부귀영화를 다 손안에 쥐어보았다. 그는 수많은 쾌락에도 빠져보았다. 부인이 천 명이나 되었다. 그는 매일 밤 쾌락의 잔을 깊숙이 들이마시고 쾌락의 산을 오르락내리락하였다. 그래도 마음에 참 만족은 없었다. 그는 결국 인생은 "헛되고 헛되며 헛되고 헛되니 모든 것이 헛되도다"라고 말한다. 이런 말을 하면 "나도 한번 그렇게 살아보고 그 말을 하고 싶습니다"라고 말하는 사람이 있다. 만약 우리가 솔로몬처럼 천 명의 여인과 그렇게 살면 바로 그다음 날 죽게 될 것이다.

솔로몬은 전도서 1장 1~11절에서 해 아래의 삶은 허무하다고 말한다. 전도서 1장 1~11절은 전도서 전체의 서론에 해당하는 부분이다.

"해 아래에서 수고하는 모든 수고가 사람에게 무엇이 유익한가"(전 1:3).

솔로몬은 해 아래에서 하는 모든 수고는 헛된 것일 뿐이라고 말한다. 전도서 1장 4~8절에도 똑같은 말이 되풀이된다. "한 세대는 가고 한 세대는 오되 땅은 영원히 있도다. 해는 뜨고 해는 지되 그 떴던 곳으로 빨리 돌아가고 바람은 남으로 불다가 북으로 돌아가며 이리 돌며 저리 돌아 바람은 그 불던 곳으로 돌아가고 모든 강물은 다 바다로 흐르되 바다를 채우지 못하며 강물은 어느 곳으로 흐르든지 그리로 연하여 흐르느니라. 모든 만물이 피곤하다는 것을 사람이 말로다 말할 수는 없나니 눈은 보아도 족함이 없고 귀는 들어도 가득 차지 아니하도다.”

해 아래 사는 인생이라는 것은 바람을 잡는 일같이 무익한 짓이다. 어찌 사람이 바람을 잡을 수 있겠는가? 바람은 아무리 잡으려고 해도 손가락 사이로 빠져나가버린다. 해 아래 사는 인생이라는 것은 모든 강물이 다 바다로 들어가도 바다를 채우지 못하듯 우리의 모든 노력이 우리에게 만족을 주지 못한다. 그저 피곤할 따름이다. 아무리 좋은 것을 보아도 만족이 없다. 아무리 좋은 것을 들어도 만족이 없다. 아무리 좋은 것을 먹어도 만족이 없다.

솔로몬은 해 아래에서 수고하는 그 수고가 무슨 유익이 있느냐고 묻는다. 그는 인생의 허무를 말하며 해 아래에는 새것이 없다고 한다. “이미 있던 것이 후에 다시 있겠고 이미 한 일을 후에 다시 할지라. 해 아래에는 새것이 없나니”(전 1:9). 여기에 “새것이 없다”는 말은 새로운 물건이 없다는 의미도 되겠지만, 솔로몬이 말하는 것은 우리 삶에 의미와 목적을 줄 수 있는 새로운 것이 없다는 뜻이다.

그렇다면 인생의 허무에서 빠져나오려면 어떻게 해야 하는가?

해 위에 계신 하나님을 만나야 한다

전도서 1장에서는 해 아래 모든 삶이 허무하다고 말

한다. 전도서 전체에서 '해 아래' 라는 구절은 29번 나오고, 1장에만 3번 등장한다. 이 구절은 전도서의 핵심적인 문구이다.

> "해 아래에서 수고하는 모든 수고가 사람에게 무엇이 유익한
> 가"(전 1:3).
> "해 아래에는 새것이 없나니"(전 1:9).
> "해 아래에서 행하는 모든 일을 보았노라. 보라. 모두 다 헛되어
> 바람을 잡으려는 것이로다"(전 1:14).

인생의 허무를 말하는 솔로몬의 문제가 무엇인가? 그가 해 위를 보지 못하고 해 아래만 보았다는 점이다. 만약 우리가 해 위에 계시는 하나님을 보지 못하고 해 아래 있는 이 세상만 바라본다면 허무에 빠질 수밖에 없다. 그래서 왕이며 부자이자 모든 권세, 모든 지혜를 다 가진 솔로몬이 "해가 뜨면 뭐 하나, 또 해가 질 텐데!" 하며 인생의 허무를 말한 것이다.

그러나 눈물의 선지자 예레미야는 전혀 다르게 말한다. "여호와의 인자와 긍휼이 무궁하시므로 우리가 진멸되지 아니함이니이다. 이것들이 아침마다 새로우니 주의 성실하심이 크시도소이다. 내 심령에 이르기를 여호와는 나의 기업이시니 그러므로 내가 그를 바라리라 하도다"(애 3:22-23).

예레미야는 가진 것이 없는 가난한 선지자였다. 그는 이스라엘 백

성들이 극심한 고통 속에 살아가는 것을 보고 있었다. 그는 나라가 멸망할 것을 알고 있었다. 그래서 그를 '눈물의 선지자'라고 부른다. 그런 그가 하나님의 인자와 긍휼이 매일 아침 해가 뜰 때마다 새롭게 부어지기 때문에 하나님을 바라본다고 소망을 말하고 있다. 무슨 차이인가? 솔로몬은 해 아래를 바라보았고, 예레미야는 해 위를 바라본 것이다.

이 세상에서 가장 작은 숫자가 무엇인가? 바로 0이라는 숫자이다. 이 0이라는 숫자는 많으면 많을수록 더 깊은 절망을 준다. 그런데 이 0이라는 숫자가 1이라는 숫자를 만나면 전혀 다른 숫자가 된다. 이 1이라는 숫자가 어디에 붙느냐에 따라 완전히 달라지는 것이다. 앞에 붙으면 엄청난 가치를 가지게 되고, 뒤에 붙으면 엄청나게 가치 없는 존재가 되고 만다. 이 1이라는 숫자가 바로 하나님이시다.

하나님께서 내 인생의 가장 앞에 들어서시면 초라하던 내 인생이 엄청난 가치를 지니게 된다. 그러나 하나님께서 내 인생의 가장 뒤에 있게 된다면 내 인생도 초라한 인생이 되고 만다. 우리는 하나님이 만드신 피조물이다. 피조물이 창조주이신 하나님을 모르면 피조물의 존재 의미도, 삶의 목적도 사라지게 된다. 나를 이 세상에 보내신 하나님을 모르면 삶의 시작도, 삶의 의미도, 삶의 목적도 알 수 없게 된다.

모세는 나이 여든이 되기까지 후회스러운 인생을 살았다. 그가 애굽의 왕자로 있었던 것은 과거의 헛된 꿈이었다. 그가 왕자로서 열심히 배웠던 애굽의 문학과 건축술과 군사를 다스리는 리더십은 다 한

낱 해프닝에 불과했다. 그는 광야에서도 목동으로 40년을 허송세월했다. 한 번 지나간 인생은 되돌릴 수 없었다. 그는 인생의 끝자락에서 죽기만을 기다리고 있었다. 그는 인생이 허무하였고 그의 인생은 잠깐 자는 것 같았다. 그의 인생은 아침에 피었다가 시들어버리는 풀과 같았다. 그의 80년 인생은 신속하게 날아가버렸다. 그의 삶은 의미도, 목적도, 방향도 없었다.

그런데 노인 된 그가 시내 산에서 하나님을 만난 후 전혀 다른 새로운 인생이 시작되었다. 그가 하나님을 만나자 인생의 방황이 끝났다. 그가 하나님을 만나자 허무한 인생이 충만한 인생이 되었다. 그가 하나님을 만나자 80세 노인의 인생이 청년처럼 새로워졌다. 그는 하나님을 만나서 인생의 허무에서 빠져나왔다.

시편 90편은 모세가 쓴 시로 유명하다. 그는 자기의 시에서 분명 "그 연수의 자랑은 수고와 슬픔뿐이요 신속히 가니 우리가 날아가나이다"(시 90:10)라고 인생 허무를 노래했다. 그런데 "우리에게 우리날 계수함을 가르치사 지혜로운 마음을 얻게 하소서"(시 90:12), "우리를 괴롭게 하신 날수대로와 우리가 화를 당한 연수대로 우리를 기쁘게 하소서"(시 90:15)라고 기도했다. 모세는 하나님을 만나기 전에는 인생이란 수고와 슬픔뿐이고 순식간에 지나가버린다고 인생의 허무를 노래했다. 그러나 하나님을 만난 후에는 인생을 새롭게 가꾸고 얼마 남지 않은 인생을 지혜롭게 사용하겠다고 다짐하며, 기쁘게 살수 있게 해달라고 기도하게 되었다.

하나님이 계신 것을 아는 사람의 인생과 하나님이 없다고 생각하는 자의 인생은 완전히 다를 수밖에 없다. 하나님이 없는 자는 인생의 모든 수고가 헛된 것일 뿐이다. 이것은 하나님과 단절된 자의 삶이 허무한 것을 말한다. 모세는 하나님을 만나자 광야에서 박차고 나와 애굽으로 가서 430년 동안 노예로 살던 이스라엘 백성들을 이끌어냈다. 하나님을 만난 이후 모세의 인생은 완전히 달라졌다. 백성들이 그를 따르지 않고 비웃어도 힘들지 않았다. 백성들이 그를 원망해도 좌절하지 않았다. 하나님을 만났기에 모세는 어떤 어려움도 이겨낼 수 있었다.

모세는 하나님을 만난 이후 똑같은 광야에 있었지만 모든 것이 의미 있었다. 어제까지 본 똑같은 광야가 오늘은 똑같은 광야가 아니었다. 모세가 하나님을 만나기 전의 광야는 지루하고 헛되며 목적 없는 광야였다. 그런데 하나님을 만난 후의 광야는 의미와 목적이 뚜렷한 행복한 소망의 광야였다. 그는 하나님을 만나기 전에도 40년 동안 광야에 있었고, 하나님을 만난 후에도 40년의 광야생활을 했다. 그런데 지루하던 광야가 모두 하나님을 경험하는 광야로 바뀌었다. 그 무의미한 광야가 하나님의 임재를 경험하는 광야가 되었다. 모세가 하나님을 만난 후 여전히 똑같은 광야였지만 그 광야는 모세오경을 기록하는 광야가 되었다. 그가 하나님을 만난 후의 광야생활은 세상에서 가장 위대한 성경이 탄생하는 인생 자리였다.

똑같은 장소라도 하나님을 만나면 그 장소는 천국이 된다. 똑같은 시간이라도 하나님과 함께하면 그 시간은 의미 있는 시간이 된다. 똑같은 사람이라도 하나님의 손에 붙들린 사람은 가치 있는 인생을 살게 된다. 인생의 허무를 깨버리는 것은 돈이나 쾌락이나 성공이 아니라 하나님을 만나는 일이다. 죽었던 나무에 새싹에 돋듯이, 꽁꽁 얼어붙었던 대지에 꽃이 피듯이 하나님을 만나면 인생의 모든 허무가 사라지고 삶의 의미와 목적이 시작된다. 그러기에 우리가 인생을 알려면 나를 이 땅에 보내신 하나님을 먼저 만나야 한다.

해 위에 있는 영원한 세계를 알아야 한다

누가복음에 12장에 보면 예수님이 말씀하신 부자 이야기가 나온다. 그는 세상적으로 성공한 사람이었다. 풍년이 들어 곡식 넣을 창고가 부족해지자 창고를 헐고 더 큰 창고를 지을 생각을 하고 있었다. 이제 큰 부자가 되었으니 평안히 먹고 즐기자 하였다. 그때 하나님께서 그 부자에게 "어리석은 자여 오늘 밤에 네 영혼을 도로 찾으리니 그러면 네 준비한 것이 누구의 것이 되겠느냐"(눅 12:20)고 하시며, 그 부자를 향해 어리석은 자라고 말씀하셨다.

예수님을 믿는 우리는 세상의 성공을 위해 사는 사람이 아니다. 예수님을 믿는 우리는 이 세상을 위해 사는 사람이 아니라 영원한 땅을 위해 사는 성도이다. 어거스틴은 말하기를 "인간에게 있어서 중요한 것은 잘사는 것이 아니라 영원히 사는 것"이라고 했다. 천재 시인 괴테는 "아무리 성공의 정상에 서 있는 순간이라 할지라도 죽고 다시 산다는 진리를 알기까지 우리 인간은 처량한 나그네일 뿐"이라고 말했다. 이는 아무리 큰 성공을 이룬 사람이라도 영원을 모르는 자는 가장 큰 실패자이고, 아무리 큰 부자라도 영원을 모르는 자는 가장 가난한 자이며, 아무리 많은 지식을 가진 사람이라도 영원을 모르는 자는 가장 어리석은 사람이라는 것이다.

「나니아 연대기」를 쓴 C. S. 루이스는 "이 세상이 채워줄 수 없는 갈망이 내 안에 있는 것은 내가 다른 세상을 위해 지음받았기 때문이다"라고 말했다. 즉 사람은 세상의 것으로는 그의 마음이 채워지지 않도록 창조되었다는 것이다. 성경은 "이 세상도 그 정욕도 지나가되 오직 하나님의 뜻을 행하는 자는 영원히 거하느니라"(요일 2:17)고 말한다. 우리가 이 세상만을 위해 산다면 무엇을 해도 허무한 인생이 될 것이다. 인생이 허무하지 않으려면 영원한 천국이 있다는 사실을 믿고 천국의 상급을 위해 살아야 한다.

한 미국 선교사 부부가 있었다. 남편은 청년일 때 북한에 대한 비전을 품었다. 그래서 북한에 가기 위해 한국에 와서 연세대학교 어학당에 등록하여 공부하기 시작했다. 얼마 후 그곳에서 미국인 자매를 만났는데, 그 자매도 북한에 들어가기 위해 한국어를 공부하고 있었다. 두 사람은 곧바로 결혼하고 북한에 들어가 운송사업을 시작했다.

하지만 열악한 환경에서 자녀 셋을 낳고 생활하기에는 너무나 힘들어서 미국으로 돌아가고 싶었다.

하루는 자매가 하나님께 탄식하며 기도했다.

"하나님, 왜 하필 제가 이렇게 먹는 것도 힘들고, 목욕할 물도 제대로 나오지 않는 이곳 북한에서 사역해야 합니까?"

그러자 하나님께서 이런 음성을 주셨다고 한다.

"사랑하는 딸아, 내가 많은 사람에게 북한에서 섬기도록 말하였지만 순종하는 이가 너밖에 없구나!"

그래서 자매는 하나님의 음성에 힘을 얻고 순종하여 젊음을 불사르며 기쁘게 하나님의 사역을 감당하고 있다고 한다. 이들은 이 땅을 위해 살지 않고 영원을 위해 사는 하나님의 사람들이다.

해 아래에 있는 것이 너무 크게 보이지 않아야 한다. 해 아래 있는 것은 곧 끝이 난다. 순식간에 사라지는 안개와 같다. 그러므로 우리는 해 위에 있는 천국을 바라보아야 한다. 영원을 위해 살면 돈이 없어도, 사람에게 인정받지 않아도, 손해를 보더라도 다 가치 있게 된다. 성경은 주님을 위해 섬기는 일은 물 한 컵이라도 천국의 상급이 된다고 말한다. 인생은 영원의 눈으로 보지 않는다면 모든 것이 다 허무하다. 영원한 천국이 없다면 인생의 모든 것은 다 허무하다. 아무리 열심히 살아도 허무한 삶이 달라지지 않는다. 바람을 많이 모은들 무슨 의미가 있겠는가? 안개를 많이 모은 게 무슨 의미가 있겠는가?

세계적인 정복자 알렉산더 대왕은 소년 시절에 철학자 아리스토텔레스를 스승으로 삼고 인생과 정치의 경륜을 배웠다. 어느 날, 아리스토텔레스가 왕자 알렉산더에게 장차 왕이 되면 어떤 일을 하고 싶으냐고 물었다.

"무엇보다도 소아시아를 정복할 것입니다."

스승은 다시 물었다.

"소아시아를 정복한 다음 무엇을 하시겠습니까?"

"팔레스타인과 이집트를 정복할 것입니다."

"그럼, 그 뒤에는 무엇을 하실 것입니까?"

"페르시아와 인도를 정복할 것입니다."

왕자의 대답은 거침없었다. 아리스토텔레스는 한 번 더 물었다.

"페르시아와 인도를 정복한 후에는 무엇을 하실 것입니까?"

그러자 알렉산더는 이렇게 대답했다.

"그때쯤이면 나도 죽겠지요?"

당대 최고의 영웅이었던 알렉산더의 마지막 대답은 죽음이었다. 그는 아버지가 암살된 후 20세의 나이에 왕이 되어, 정말 자기의 꿈대로 마케도니아, 소아시아, 시리아, 이집트를 정복하였다. 그 후 아라비아 원정 중에 열병으로 33세의 나이로 세상을 떠났다. 그는 죽기 직전에 "내가 죽으면 관 밖으로 내 손을 내놓도록 하여라"는 유언을 남겼다. 인생은 누구나 빈손으로 간다는 허무함을 알게 하기 위함이었다.

만약 당신에게 알렉산더와 똑같은 질문을 한다면, 어떻게 대답하겠는가?

"복음으로 소아시아를 정복하고 싶습니다."

"그다음에는 무엇을 하고 싶습니까?"

"복음으로 팔레스타인과 이집트, 페르시아와 인도를 정복할 것입니다."

"그리고 그다음에는?"

"그리고 온 세상에 복음을 전하고 싶습니다."

"그리고 그다음에는?"

"그때쯤에는 저는 천국에 가겠지요!"

알렉산더의 꿈은 무력으로 세계를 정복하는 것이었고, 그의 결론은 죽음이었다. 우리의 꿈은 복음으로 세계를 구원하는 것이고, 우리의 결론은 천국이다. 삶의 마지막 정점에 도달하였을 때 죽음이 기다리는 자와 천국이 기다리는 사람의 인생은 너무나 다르다.

인생의 끝이 죽음인 자는 아무리 큰일을 하여도 허무이고, 아무리 열심히 살아도 허무이다. 절벽을 향해 뛰어가는 자가 아무리 열심히 뛰어간들 무슨 의미가 있겠는가? 절벽을 향해 뛰어가는 자가 아무리 아름다운 꽃을 가지고 간들 무슨 의미가 있겠는가? 인생의 끝이 천국인 사람은 아무리 작은 일도 의미가 있고, 모든 순간이 다 선물이며 복이다.

사도 바울은 솔로몬이 사용한 '헛되다'는 단어를 똑같이 사용하면서 우리 그리스도인의 삶은 헛되지 않다고 말한다. "그러므로 내 사랑하는 형제들아 견실하며 흔들리지 말고 항상 주의 일에 더욱 힘쓰는 자들이 되라. 이는 너희 수고가 주 안에서 헛되지 않은 줄 앎이라"(고전 15:58). 바울은 예수님을 만난 후 결혼도 하지 않고 오직 복음만을 위해 살았다. 그는 마지막에 "나에겐 의의 면류관이 예비되어 있다"고 하면서 행복하게 죽음을 맞이했다. "이제 후로는 나를 위하여 의의 면류관이 예비되었으므로"(딤후 4:8).

당신은 이유 없이 태어나지 않았다. 당신은 의미 없이 존재하지 않는다. 당신의 삶에는 목적이 있다. 인생은 하나님과 연결되고 천국과 연결되면 가치 있는 삶이 된다. 죽음을 향해 살지 말고 천국을 향해 살아야 한다.

매 순간 성령님과 동행해야 한다

성령님은 우리와 영원히 함께하신다. 성령님과 함께하면 삶의 모든 허무가 사라진다. 사람은 아무리 뛰어난 일을 해도 공허하다. 아무리 유명해도 공허하다. 아무리 재미있는 일을 해도 공허하다. 그래서 세상 사람들은 인생의 무상함을 말하고 인생의 허무함을 말한다. 그러나 성령님과 동행하면 모든 공허와 허무함이 사라진다. 성령님과 함께하면 모든 것에 기쁨이 넘친다. 성령님은 우리에게 사랑과 희락과 화평을 부어주신다. 성령님과 함께하는 삶은 허무가 아니라 축제가 된다. 성령님이 우리 배에서부터 기쁨을 샘솟듯 솟아나게 하시기 때문이다.

> "나를 믿는 자는 성경에 이름과 같이 그 배에서 생수의 강이 흘러나오리라 하시니 이는 그를 믿는 자들이 받을 성령을 가리켜 말씀하신 것이라"(요 7:38).

성령 충만을 강조하였던 사도 바울은 "항상 기뻐하라, 범사에 감사하라"고 말했다. 그는 감옥 안에서도 찬송하였다. 비록 자신은 감옥에 있어도, 오히려 감옥 밖에 있는 자들에게 기뻐하라고 외쳤다.

성령님은 우리의 삶을 날마다 새롭게 하신다. 몸을 새롭게 하신다. 마음을 새롭게 하신다. 생각을 새롭게 하신다. 우리는 내 생각만으로 가득한 염려, 근심, 걱정의 허무한 인생을 살아서는 안 된다. 성령님과 동행하는 기쁨이 넘치는 인생을 살아야 한다. 성령님은 우리 육체의 연약함을 도우시고, 우리 육체의 불완전함을 완전하게 해주신다. 성령님은 우리의 가난을 부유하게 하시고, 우리의 약함을 강하게 해주신다. 성령님과 동행하면 기쁨과 감사와 기대가 넘치는 삶이 된다. 허무가 아니라 축제의 인생이 된다.

>>> 솔로몬의 인생 수업 1

해 아래만 쳐다보고 살아서는 안 된다. 해 아래만 바라보면 모든 것이 어둡고 절망적이며, 무의미하고 허무할 뿐이다. 이제 해 위를 바라보며 성령님과 동행하자.

1. 당신을 이 땅에 보내신 하나님이 계신다.
2. 당신의 삶이 끝난 후에 가야 할 천국이 있다.
3. 매 순간 당신을 도와주고 동행해주시는 성령님이 계신다.

인생은 살 만하다. 인생은 살수록 재미있다. 인생은 모두 하나님이 주신 선물이다. 인생은 허무가 아니라 축제이다. 하나님은 당신이 깊은 허무 속에 빠져 살라고 창조하지 않으셨다. 당신이 이 책을 잡았다는 사실은 허무가 아닌 가치 있는 삶을 시작하라는 하나님의 사인이다.

나 중심에서 하나님 중심으로

전도서 1장 1~11절을 살펴보면, 솔로몬이 "헛되고 헛되며 헛되고 헛되니 모든 것이 헛되도다"라고 말하는 인생의 허무를 듣게 된다. 그는 이 세상의 누구보다도 지혜로운 사람이었다. 그런데 그 지혜도 헛되고 지식도 헛되다고 말한다. 계속해서 전도서 1장 12절에서 2장에 걸쳐 솔로몬은 인생의 세 가지 헛된 것을 말한다.

첫째, 해 아래 있는 지혜가 허무하다.
전도서 1장 13~18절을 보자. "마음을 다하며 지혜를 써서 하늘 아래에서 행하는 모든 일을 연구하며 살핀즉 이는 괴로운 것이니 하나님이 인생들에게 주사 수고하게 하신 것이라. 내가 해 아래에서 행하는 모든 일을 보았노라. 보라 모두 다 헛되어 바람을 잡으려는 것이로다. 구부러진 것도 곧게 할 수 없고 모자란 것도 셀 수 없도다. 내가 내 마음속으로 말하여 이르기를 보라. 내가 크게 되고 지혜를 더 많이 얻었으므로 나보다 먼저 예루살렘에 있던 모든 사람들보다 낫다 하였나니 내 마음이 지혜와 지식을 많이 만나 보았음이로다. 내가 다시 지혜를 알고자 하며 미친 것들과 미련한 것들을 알고자 하여 마음을 썼으나 이것도 바람을 잡으려는 것인 줄을 깨달았도다. 지혜가 많으면 번뇌도 많으니 지식을 더하는 자는 근심을 더하느니라."

미국에서는 1970년도에 유전자 재조합기술이 시작되어, 1980년도에 본격적으로 연구가 진행되었으며, 1990년도엔 강한 농약에도 죽지 않는 유전자조작 옥수수를 만들었다. 지금 미국에서 재배하는 거의 모든 옥수수는 유전자조작으로 만들어진 'GM 옥수수'이다. 전세계로 수출되고 있는 이 GM 옥수수는 인체에 엄청난 위험을 가져다 줄 수 있다. 2013년 연구에 의하면 프랑스 캉대학에서 쥐 200마리에게 이 GM 옥수수를 2년 동안 먹였는데, 80%의 쥐에게 종양이 생기고 장기가 망가졌으며 수명이 단축된 것으로 확인되었다. GM 옥수수의 위험을 알려주는 단적인 예이다. 과학자들의 그 소중한 연구가 오히려 재앙이 되고 말았다.

사람이 만들어낸 모든 발명품은 일시적인 편안함은 주지만 나중에는 꼭 문제를 낳는다. 자동차는 배기가스 오염으로 온난화의 주범이 되었다. 전자제품을 쓰고 난 뒤에 발생하는 폐기물은 지구를 오염시킨다. 댐을 건설하는 것은 물을 공급받는 유익이 있지만 댐 주위의 모든 물길을 차단하여 땅을 황폐하게 만든다. 지하수 개발은 땅의 함몰현상을 가져오게 한다. 인간이 낸 지혜의 한계이다. 인간의 지혜와 지식은 더 큰 번뇌와 근심을 낳는다. 그렇다면 내가 옳다고 생각하는 것이 정말 옳은 것일까? 내가 맞는다고 생각하는 것이 정말 맞는 것일까?

「성공하는 사람의 일곱 가지 습관」이라는 책을 쓴 스티븐 코비 박사가 방한하여 내로라하는 기업의 CEO들을 모아놓고 강연을 했다. 그는 강연을 시작하기 전에 나침반 이론이라는 제목의 재미있는 실험을 했는데, 일단 모든 사람의 눈을 감게 한 후 말했다.

"여러분은 눈을 감은 채로 자신이 생각하는 정북향 방향으로 고개를 돌리고, 몸도 그쪽을 향해 앉으십시오!"

다들 눈을 감은 채로 정북향 방향으로 돌아앉았다.

"자 눈을 떠보십시오!"

눈을 뜬 순간, 기업의 CEO들이 웃기 시작했다. 왜 그랬을까? 각기 다른 방향으로 앉은 모습을 보게 된 것이다. 그 후에 코비 박사는 재밌는 농담을 던졌다. 이렇게 서로 다르게 방향을 정하였으니 이제 어느 쪽이 진짜 정북향 방향인지 다수결로 정하자고 말이다. 그러자 또 한 번 웃음이 터졌다. 우리가 옳다고 하는 것이 얼마나 위험한 것인가? 또 다수결로 무엇을 정한다는 것이 얼마나 위험한 일인가?

인간의 지혜는 완전하지 않다. 인간의 지혜는 순간 도움을 주는 것 같지만 결국 더 많은 문제를 낳는다. 세상 사람들은 살면 살수록 세상이 더 좋아진다고 말한다. 물론 과거보다 편안해지긴 했지만 더 위험해지고 더 무서워졌다. 인간의 지혜나 인간의 지식이 인생의 참 해답이 아니다.

솔로몬은 지혜자에게 번뇌가 더 많다고 말했다. "지혜가 많으면 번 뇌도 많으니 지식을 더하는 자는 근심을 더하느니라"(전 1:18). 여기에 서 말하는 지혜나 지식은 하나님을 경외하는 지혜나 지식이 아니라 세 상의 지혜나 지식을 뜻한다. 솔로몬은 세상의 그 누구보다도 지혜로운 사람이었고 그 누구보다도 지식이 많은 사람이었다. 그런데 그는 그 지혜와 지식이 번뇌를 더해주고 근심을 더하여준다고 말했다. 결국 지 혜와 지식도 바람을 잡는 것과 같은 허무한 일이라는 뜻이다.

둘째, 나 자신을 위한 쾌락이 헛되다.

"나는 내 마음에 이르기를 자 내가 시험 삼아 너를 즐겁게 하리니 너는 낙을 누리리라 하였으나 보라. 이것도 헛되도다"(전 2:1). 솔로 몬은 나를 위해 낙을 누리리라 하며 살았지만 그 즐거움이 다 헛된 것 임을 깨달았다. 그는 자신을 위한 쾌락을 찾아다녔고, 술에 취하기도 하였으며, 사업도 크게 해보았고, 자신이 거할 집을 짓는 데 13년의 세월을 보내기도 하였다. 창고에는 금은보화를 쌓아놓았으며, 종과 노래하는 자들을 집에 두었으며, 부인이 천 명이나 되었다.

그는 자기 자신을 위해, 자신이 즐거운 일이라고 생각되는 모든 일을 행했다. "무엇이든지 내 눈이 원하는 것을 내가 금하지 아니하며 무엇이든지 내 마음이 즐거워하는 것을 내가 막지 아니하였으니 이는 나의 모든 수고를 내 마음이 기뻐하였음이라"(전 2:10). 그는 자기 눈이 원하는 것, 자기 마음이 즐거워하는 일을 추구하였다. 그런 그가 인생 노년에 이르러서는 이렇게 자신의 즐거움을 향해 살았던 일이 헛된 것임을 깨닫는다. "그 후에 내가 생각해 본즉 내 손으로 한 모든 일과 내가 수고한 모든 것이 다 헛되어 바람을 잡는 것이며 해 아래에서 무익한 것이로다"(전 2:11).

솔로몬은 자신의 즐거움을 위해 수고한 모든 일이 다 바람을 잡는 것같이 허무한 일이라고 말한다. '허무하다'(meaningless)는 말은 의미가 없다는 말이며 가치가 없다는 뜻이다. 이런 말씀을 들으면서 "즐거움은 의미가 없다"라고 말하면 안 된다. 솔로몬이 말하는 즐거움은 자신만을 생각하는 쾌락과 자신만을 위한 탐욕을 말하는 것이다. 사람이 자신을 즐겁게 하려고 사는 모든 삶은 처음에는 좋은 것 같지만 곧 허무함을 더해줄 뿐이다.

셋째, 나를 위한 모든 수고는 헛되다.

솔로몬은 평생 지혜로운 자로 살았다. 그리고 지금 인생의 황혼기에 자신의 인생을 돌이켜보고 있다. "내가 돌이켜 지혜와 망령됨과 어리석음을 보았나니"(전 2:12). 그는 자신의 전 인생을 돌이켜보고 있었다. 그리고 정말 솔직하게 말했다. 아무런 주저함 없이 자신의 좌절을 정직하게 시인하고 있다. 그는 자신이 지혜롭게 살았다고 생각하였는데, 인생을 돌이켜보니 지혜 있는 자나 지혜 없는 자나 죽음 앞에서는 끝이 똑같고, 역사 속에 기억되지 않는 것이 똑같음을 알았으며, 그리하여 해 아래 수고가 다 헛되다고 말한다. "지혜자도 우매자와 함께 영원하도록 기억함을 얻지 못하나니 후일에는 모두 다 잊어버린 지 오랠 것임이라. 오호라. 지혜자의 죽음이 우매자의 죽음과 일반이로다"(전 2:16).

그러면서 솔로몬은 세상살이에 너무 애쓰고 밤잠도 못 자고 하는 것이 헛된 일이라고 충고한다. "사람이 해 아래에서 행하는 모든 수고와 마음에 애쓰는 것이 무슨 소득이 있으랴. 일평생에 근심하며 수고하는 것이 슬픔뿐이라. 그의 마음이 밤에도 쉬지 못하나니 이것도 헛되도다"(전 2:22-23).

우리 주위에는 일평생 근심하며 사는 사람이 많다. 그 근심이 헛수고라는 것을 알아야 한다. 일평생 밤에 잠도 자지 않고 쉼 없이 일하는 사람도 있다. 그것도 헛수고라는 것을 알아야 한다. 솔로몬의 인생에 밤잠 못 잘 일이 있었을까? 그가 왕위에 있을 때는 특별한 전쟁이 없었다. 경제적인 위기도 없었다. 그런데 솔로몬은 왜 밤잠을 못 자고 고민했는가? 아마 그의 아들 르호보암 때문일 것이다.

솔로몬에겐 르호보암이라는 아들이 있었는데, 이 아들은 너무 자기중심적이라서 타인의 말을 귀담아 듣지 않았고, 무례하고 오만하였다. 또 무엇보다도 중요한 하나님을 믿는 믿음이 없었다. 정말 솔로몬이 밤잠 못 자며 걱정한 대로 솔로몬이 죽은 후 왕위를 이어받은 르호보암이 이스라엘을 다스린 지 채 1년도 지나지 않아 나라는 내란을 맞이하게 되었다. 엎친 데 덮친 격으로 애굽의 공격을 받은 그는 아버지 솔로몬이 성전에 모아두었던 금괴도 그들에게 쉽게 내주고 말았다. 결국 르호보암 때 이스라엘은 북쪽 이스라엘과 남쪽 유다로 나뉘어졌다. 솔로몬은 말년에 자기 아들을 바라보며 밤에도 쉴 수가 없었다. 그가 자신의 힘으로 아들을 바꾸려고 했지만 불가능했다. 밤잠을 설치며 그 아들을 위해 고민하였지만 그 모든 수고가 헛됨을 알았다.

그렇다며 인생이 헛되지 않으려면 어떻게 해야 할까?

나 중심에서 하나님 중심이 되어야 한다

솔로몬은 인생에서 대전환점을 맞이하게 된다. 그는 자신이 인생의 주인 되어 자신을 즐겁게 하려고 술을 마시고, 집과 정원과 공원도 만들었으며, 금은보석도 가져보았지만 그 즐거움은 잠깐일 뿐 또다시 공허해졌다. 그는 자신의 행복을 위해 아무리 환경을 바꾸어도 그 행복이 일시적일 뿐임을 알았다. 그런데 이제 나 중심에서 하나님 중심으로 삶을 바라보니 삶의 허무가 안개 걷히듯 사라지고 일상의 기쁨이 보였다.

"사람이 먹고 마시고 수고하는 것보다 그의 마음을 더 기쁘게
하는 것이 없나니 내가 이것도 본즉 하나님의 손에서 나오는
것이로다"(전 2:24).

그는 기쁨이 자신의 노력으로 얻어지는 줄 알았는데, 이제 보니
그 기쁨이 하나님의 손에서 나오는 것임을 알게 되었다. 이것을 '관
점의 변화'라고 한다. 나 중심으로 세상을 보다가 하나님 중심으로
세상을 보면 온 세상이 다르게 보인다. 모든 것이 불만이다가 모든 것
이 감사가 된다. 나의 눈으로 인생을 바라보면 허무이며 절망이다. 그
러나 하나님의 눈으로 인생을 바라보면 인생은 하나님이 보내주신 소
중한 선물이며 복이다.

신자와 불신자의 차이가 무엇인가? 마음 가장 밑바닥으로 내려가
보면 행복의 근원이 다르다. 불신자는 세상의 부유함이 행복이고, 신
자는 하나님이 행복이다. 아무리 교회를 오래 다녔어도 여전히 내가
잘되는 것이 삶의 목적인 사람은 불신자이다. 그는 세상에서 교회로
몸만 온 것뿐이다. 장소만 바뀌었을 뿐이다. 마음 밑바닥이 달라지지
않았다.

교회에 오면 "나의 가정이 화목해지고, 내가 천국에 가고, 나의
사업이 잘되고, 내 자녀가 복을 받는다"라고 나 중심인 사람은
참 신앙인이 아니다. 그 신자는 하나님을 이용하는 자이자 여

전히 자신이 중심인 불신자이다. 참 신자는 내가 하나님을 이용하는 것이 아니라 하나님이 나를 이용하시게 해야 한다. 이것을 고상한 말로 하나님께 쓰임받는 인생이라고 말한다.

솔로몬은 전도서 2장 전체에서 내가 중심이 된 나 자신을 위한 삶은 허무한 삶이라고 말한다. 우리는 왜 그런 말씀을 3천 년이나 지나서 읽어야 하는가? 전도서는 BC 935년경에 기록되었다. 전도서가 기록된 지 3천 년이 지났지만, 아직도 사람들은 끝없는 쾌락과 많은 부와 큰 집을 추구하고 소유해야만 행복하다고 생각하기 때문이다. 우리는 전도서 2장 말씀을 통해 나 중심인 삶은 허무한 삶이라는 사실을 깨달아야 한다.

우리 집에 '피치'라는 앵무새가 있다. 새집에 혼자 사는 암컷인데, 어느 날 무정란을 두 개 낳았다. 그날부터 피치는 온종일 알을 품었다. 모두 잠든 밤에도 얼마나 열심히 알을 돌리는지 돌돌돌돌 소리가 났다. 참으로 안타까웠다. 아무 생명도 없는 무정란을 저렇게 열심히 돌리고 있으니 말이다. 품으면 품을수록 썩을 알인데, 정말 허무한 일을 하고 있었다. 내가 앵무새가 아니니 말해줄 수도 없고….

하나님이 없는 내 노력, 내 수고, 나의 즐거움은 다 허무한 일이다. 나 중심에서 하나님 중심이 되어야 인생은 의미 있고 가치 있으며 행복해진다. 전도서 1~2장은 해 아래 인생은 헛되고 헛되다는 강한 부정을 말하고 있는 것 같지만 실제로는 해 위를 바라보는 삶의 중요성을 강조하고 있다. 솔로몬은 나 중심에서 하나님 중심으로 삶을 전환하여 바라보니 하나님이 주시는 일상의 기쁨이 보였다.

이제 우리도 인생의 허무를 말하지 말고 하나님이 주시는 일상의 기쁨을 보아야 한다. 행복은 쾌락을 좇고 많은 것을 소유하며 큰 업적을 이룬다고 찾아오는 것이 아니다. 그냥 일상에서 먹고 마시며 수고하는 것에 있다. 이것을 '일상의 행복'이라고 말한다. 이 일상의 행복은 나에게서 나오는 것이 아니라 하나님에게서 나온다. 행복의 무지개를 찾아 온 세상을 떠돌아다니지 말고 그냥 하나님이 주신 가족과 함께 일상의 행복을 누리라. 그 작은 것에 감사하며 자족하며 살아라. 그것이 행복이다.

> "자족하는 마음이 있으면 경건은 큰 이익이 되느니라. 우리가
> 세상에 아무것도 가지고 온 것이 없으매 또한 아무것도 가지고
> 가지 못하리니 우리가 먹을 것과 입을 것이 있은즉 족한 줄로
> 알 것이니라"(딤전 6:6-8).

오늘 하루 하나님 앞에서 정직하게 살면서 행복하기를! 하나님은 정직하게 사는 자에게 기쁨을 뿌려주신다. "의인을 위하여 빛을 뿌리고 마음이 정직한 자를 위하여 기쁨을 뿌리시는도다"(시 97:11). 오늘은 작은 한평생이다. 오늘을 즐기라. 오늘은 하나님이 우리에게 주신 선물이다. 오늘을 행복하게 보내라. 행복은 그냥 내가 선택하는 것이

다. 똑같은 오늘이라도 하나님께서 오늘을 주셨다는 것을 아는 사람과 내가 내 맘대로 오늘을 사는 사람은 크게 다르다. 하나님을 믿는 자는 오늘 하루를 하나님께서 주신 선물인 줄 알고 소중히 여겨 거룩하게 산다. 그러나 하나님을 믿지 않는 자는 오늘이라는 하루를 위선과 거짓과 분노와 탐욕 속에 산다. 신자나 불신자나 다 같은 하루를 하나님께 받지만 똑같은 하루가 아니다.

인생을 가장 잘사는 비결은 하나님 앞에서 먹고 마시고 즐거워하는 것이다. 칼빈은 이것을 '코람데오'라고 말한다. 코람데오는 '하나님 앞에서'라는 뜻이다. 우리 인생에서 하나님이 빠지면 삶의 즐거움도, 삶의 목적도, 삶의 의미도 다 없어진다. 당신의 인생을 허무하지 않게 하려면 하나님이 오늘을 주셨다는 사실을 알고, 오늘 하루를 감사하며 일상의 행복을 누려야 한다.

그렇다면 일상의 행복에는 어떤 것이 있을까? 우리 그리스도인은 하나님 말씀 안에서 건강한 즐거움이 있어야 한다.

첫째, 일상의 즐거움은 먼저 하나님을 즐거워하는 일이다. "또 여호와를 기뻐하라. 그가 네 마음의 소원을 네게 이루어 주시리로다"(시 37:4). 사람이 자신을 기쁘게 하려면 허무함이 찾아오지만 하나님을 높이고 그분을 예배하는 삶을 살면 참 행복이 밀려온다.

둘째, 일상의 즐거움은 가족과 함께 즐거워하는 것이다. 남편은 아내로 인해 기뻐하고 아내는 남편으로 인해 기뻐해야 한다. 이것은 하나님께서 정해주신 복이다. 하나님은 우리에게 간음하지 말라고 분명하게 말씀하셨다. 나 자신의 쾌락을 위해 술에 마시고 여자에 빠지는 일은 큰 죄이다. 평생 아내를 사랑하며 사는 것이 좋은 아버지가 자녀에게 줄 수 있는 최고의 선물이다. 또 부모는 자녀로 인해 기쁨이 넘쳐야 한다. 자녀와 함께 행복한 시간을 갖는 것은 자녀에게 건강한 정서를 심어주는 일이다. 부모가 자녀에게 좋은 추억을 남겨주는 것은 헛된 일이 아니다. 자녀에게 평생을 살아갈 힘을 주는 것이다. 가족을 많이 안아주어라. 가족과 함께하는 행복을 누리라.

셋째, 일상의 즐거움은 교인과 함께 건강한 교제를 나누는 것이다. "그러므로 나의 사랑하고 사모하는 형제들, 나의 기쁨이요 면류관인 사랑하는 자들아 이와 같이 주 안에 서라"(빌 4:1). "너희는 우리의 영광이요 기쁨이니라"(살전 2:20). "형제여 성도들의 마음이 너로 말미암아 평안함을 얻었으니 내가 너의 사랑으로 많은 기쁨과 위로를 받았노라"(몬 1:7). 사도 바울은 성도의 아름다운 교제는 헛된 일이 아니라 영원한 기쁨이며 면류관이라고 말했다. 그러기에 우리는 예수님 안에서 성도 간에 아름다운 교제를 나누어야 한다.

즐거움은 나쁜 일이 아니다. 하나님께서 말씀하신 범위 안에서의 즐거움은 복이며 면류관이다. 그러나 지금 솔로몬이 말하는 즐거움은 나 자신만을 위한 쾌락을 말한다. 하나님의 질서를 벗어난 쾌락은 다 죄이며 헛된 일이다. 목마르다고 바닷물을 마시면 어떻게 되겠는가? 더 목말라서 결국 죽게 된다. 마찬가지로 즐거움을 위해 쾌락을 탐닉하면 영혼이 파멸로 치닫게 되고 만다. 쾌락은 중독된다. 뇌를 연구하는 사람들은 범죄자의 뇌나 중독자의 뇌가 똑같다고 말한다. 중독은 자기 통제가 안 되는 것을 말한다. 중독은 인생을 파멸시킨다. 그래서 스마트폰 중독도 조심해야 한다. 우리 모두 솔로몬의 교훈을 귀담아 들어 하나님 안에서 하나님께서 주시는 일상의 즐거움을 누리자!

죄에는 심판이 있음을 알아야 한다

"하나님은 그가 기뻐하시는 자에게는 지혜와 지식과 희락을 주시나 죄인에게는 노고를 주시고"(전 2:26). 하나님은 하나님을 기쁘시게 하는 자에게는 지혜와 지식과 희락을 주시는 선한 분이시다. 그러나 죄짓는 자에게는 괴로움과 고생을 주신다. 하나님은 우리를 사랑하시지만 우리가 하나님 말씀에 순종하지 않고 우상 숭배를 하면 곧바로 채찍을 들고 심판하신다. 이것은 하나님께서 우리를 사랑하지 않으시는 것이 아니라 우리를 사랑하기에 징계하시는 것이다. 우리는 고아나 사생아가 아니다. 고아나 사생아에게는 간섭하는 부모가 없다. 그러나 우리는 고아가 아니라 하나님의 자녀이기에 죄를 지을 때 하나님께서 심판하신다.

사사기에 보면 이스라엘 백성들이 타락할 때마다 하나님께서 심판하셨고, 그러면 백성들은 회개하고 다시 돌아왔다. 이것을 7번이나 되풀이했다. 여기서 우리가 짚고 넘어가야 할 중요한 교훈이 있다. 그것은 하나님은 우리가 죄를 지으면 언제나 심판하신다는 점이다. 하나님은 이스라엘 백성들에게 가나안 족속을 모두 죽이라고 하셨다. 그런데 이스라엘 백성들은 가나안 족속과 적당히 타협하며 살았다.

그래서 하나님은 경고하셨다. "너희는 이 땅의 주민과 언약을 맺지 말며 그들의 제단들을 헐라 하였거늘 너희가 내 목소리를 듣지 아니하였으니 어찌하여 그리하였느냐. 그러므로 내가 또 말하기를 내가 그들을 너희 앞에서 쫓아내지 아니하리니 그들이 너희 옆구리에 가시가 될 것이며 그들의 신들이 너희에게 올무가 되리라 하였노라"(삿 2:2-3).

죄는 내버려두면 우리 인생에 가시가 되고 올무가 된다. 이스라엘 백성들은 가나안 족속 중에 가드 사람을 제거하지 않고, 그냥 적당히 타협하며 같이 살았다. 세월이 흘러 이스라엘을 벌벌 떨게 하는 골리앗이 나타났다. 그 골리앗이 바로 가드에서 태어난 가나안 족속이었다. 죄는 내버려두면 나중에 우리 인생에 큰 가시로 등장한다. 죄를 가볍게 여기지 말라. 죄에는 심판이 있다. 매일 거룩하게 살아가라.

'나' 라는 이기심의 감옥에서 빠져나와야 한다

전도서 2장에 계속 나오는 한 단어가 있다. '나는, 내, 내가' 라는 단어가 무려 49번이나 나온다. 사람이 자기중심적으로 살면 짐승 같은 삶이 된다. 사람이 '나' 를 넘어 타인을 위해 살면 축복의 통로가 되어 은혜로운 삶은 산다. 사람이 '나'를 위해 살면 공허해진다. 그러나 남을 위해 살면 보람이 넘치게 된다. 그런데 이것은 이론으로는 불가능하다. 이것은 그냥 설교 한 번 듣는다고 되는 일이 아니다. 사람은 누구나 자기 본능이 있다. 그 본능을 버리고 남을 위해 산다는 것은 위선이며 가식이다.

그러면 어떻게 해야 내가 나를 넘을 수 있는가? 복음이 나를 관통해야 한다. 내 안에 내가 죽고 내 안에 예수님이 주인으로 오셔야 한다. 예수님을 믿는다고 해도 여전히 내가 주인이면 결코 나를 넘을 수 없다. 예수님이 내 삶의 주인이 되시면 나를 버리고 예수님이 하시는 대로 살게 된다. 예수님은 받는 자보다 주는 자가 복이 있다고 말씀하셨다. "주는 것이 받는 것보다 복이 있다 하심을 기억하여야 할지니라"(행 20:35). "주라. 그리하면 너희에게 줄 것이니 곧 후히 되어 누르고 흔들어 넘치도록 하여 너희에게 안겨 주리라"(눅 6:38).

주는 자의 삶은 풍성한 삶이 된다. 그러나 나를 위한 삶은 그 어디에서도 삶의 의미를 찾지 못한다. 이스라엘의 사해는 들어오는 물을 다 받아들이고 한 방울도 밖으로 내놓지 않아 소금물 덩어리의 죽은 바다가 되었다. 그래서 사해에는 물고기 한 마리가 살지 못하고, 근처에는 나무 한 그루도 자라지 않는다. 사람도 자신만을 위해 살면 나도 죽고 주위 사람도 다 죽게 되어 그의 인생은 의미도, 목적도 없게 된다. 그러나 나를 넘어 복음을 위해 살면 그 삶 자체가 헛된 삶이 아니라 복된 삶이 된다.

솔로몬은 자신을 위하여 쾌락을 추구하고, 자신을 위하여 술을 마시며, 자신을 위하여 더 큰 집과 정원을 짓고, 금은보화를 모았지만 다 헛된 일이었다. 그는 전도서 2장에서 '내가' '내가' '내가' '내가'에 질렸다. 그는 지금 자신을 위해 한 모든 것이 헛된 일이라고 한탄한다. 솔로몬은 오직 나를 위해 살았던 삶에 염증을 느끼고 있다. 2장에서 그의 마지막 결론은 '하나님'이었다.

한 사람을 소개하고자 한다. 「전쟁과 평화」 「안나 카레니나」 「부활」 등을 쓴 세계적인 대문호 톨스토이는 1879년 그의 고백록에 자기 삶의 의미와 목적을 탐구해온 이야기를 저술했다.

그는 어린 시절에 기독교를 거부했다. 대학을 떠나면서 그는 인생에서 얻을 수 있는 최대한의 쾌락을 얻고자 했다. 그는 모스크바와 상트페테르부르크의 사교계에 진출하여 술을 엄청나게 마셔댔고, 난잡한 사생활과 도박에 빠져 방탕한 생활을 하였다. 그러나 그에겐 참 만족이 없었다.

다음으로 그는 돈 버는 일에 욕심을 부렸다. 그는 유산도 있었고, 자신이 쓴 책으로 돈을 벌기도 했다. 그러나 돈도 그에게 만족을 주지 못했다. 그는 성공과 명예, 사회적 지위를 추구했고, 그 모든 것을 갖게 되었다. 그럼에도 불구하고 "그다음에 나는 어쩌란 말인가?" 하며 고민에 빠지게 되었다.

그다음에 그는 가정에 큰 기대를 걸었다. 가족들에게 최상의 삶을 제공하려고 노력했다. 그는 1862년 결혼하여 상냥하고 사랑스러운 아내와 13명의 자녀를 두게 되었다. 그는 자기의 모든 야망을 이루었으며 완벽한 행복으로 보이는 것에 둘러싸여 있었다. 그러나 결국 한 가지 질문이 그를 자살 직전까지 몰고 갔다. "죽음이 나를 기다리고 있으며 그 죽음을 피할 수 없다는 사실조차 소멸시키지 못하는데 내 삶에 어떤 의미가 있단 말인가?"

그는 그에 대한 답을 찾기 위해 과학과 철학, 인문학 등 모든 학문을 연구했다. 그러나 "나는 왜 사는가?"라는 질문에 그가 찾을 수 있었던 유일한 대답은 "무한한 시간과 공간 속에서 무한히 작은 입자들이 복잡하게 이리저리 움직이고 있다"라는 것뿐이었다. 그는 자신의 시대에 사는 사람들이 '나는 어디서 왔는가?', '나는 어디로 가고 있는가?', '나는 누구인가?', '나는 왜 사는가?' 등의 문제와는 정면으로 부딪치지 않는 것을 보았다.

마침내 그는 러시아의 농부들이 기독교 신앙을 통해 이 질문에 대한 대답을 이미 알고 있다는 것을 발견했고, 오직 예수 그리스도 안에서만 그 답을 찾을 수 있다는 사실을 깨달았다. 그 후 그는 인생의 허무에서 빠져나와 수많은 사람에게 삶의 의미를 깨우쳐주는 대문호가 되었다.

당신은 오늘 나, 나, 나 하는 이 '내'가 죽게 되길 바란다. '내'가 죽지 아니하면 '나'라는 감옥에서 빠져나올 수 없다. 내가 죽고 내 안에 예수님이 살아야 한다. 그 사람이 예수님을 믿는 자이다. 사도 바울은 예수님을 만나기 전에는 이 세상의 성공을 위해 살았다. 그러나 그는 예수님을 만난 이후에는 자신을 위해 살았던 모든 것을 배설물로 여겼다. 그는 예수님을 주인으로 모신 이후에는 결코 자신의 만족을 위해 살지 않았다. 그에게는 오직 예수님이 자신의 모든 것이 되셨다.

"또한 모든 것을 해로 여김은 내 주 그리스도 예수를 아는 지식이 가장 고상하기 때문이라. 내가 그를 위하여 모든 것을 잃어버리고 배설물로 여김은 그리스도를 얻고 그 안에서 발견되려함이니"(빌 3:8-9).

'배설물'이란 표현이 좋아서 배설물이지 똥과 오줌을 말한다. 누가 똥과 오줌을 계속 쳐다보며 묵상하는 자가 있겠는가? 빨리 없애버려야 한다. 세상의 것이 너무 좋은 사람은 예수님이 정말 내 삶의 주인이신지 의심해봐야 한다.

인생을 사는 데는 물론 돈이 필요하다. 집도 필요하고 차도 필요하다. 그러나 그것이 삶의 목적이 되어서는 안 된다. 우리 인생은 나그네 인생이다. 한 번밖에 살지 않는, 쏜 화살처럼 날아가는 삶이다. 이렇게 빨리 지나가는, 한 번밖에 살 수 없는 인생을 어떻게 살아야 가치 있는 인생인가? 나만을 위해 살면 낭비하는 인생이 된다. 내 취미, 내 쾌락, 내 욕심, 내 사치, 내 자랑을 내려놓아야 한다. 복음을 위한 인생을 살아야 한다. 그래야 절대 후회하지 않는 인생이 된다. 예수님은 십자가 위에서 "다 이루었다"고 말씀하셨다. 사도 바울은 "내가 달려갈 길을 다 달렸다"라고 자신 있게 말했다. 어떻게 이런 말을 할 수 있을까? 복음을 위해 살았기 때문이다.

> 내가 가진 물질을 복음을 위해 사용하라.
> 내가 가진 시간을 복음을 위해 사용하라.
> 내가 가진 은사를 복음을 위해 사용하라.
> 내가 가진 건강을 복음을 위해 사용하라.

내 것만 챙기려 하지 말고 복음을 위해 손해를 선택하라. 그럴 때 삶이 헛되지 않고 의미 있다. 복음을 위해 위대한 일을 기대하라. 복음을 위해 위대한 일을 시도하라. 인생이 바뀔 것이다. 숙명이 바뀔 것이다. 영원히 있을 곳이 달라질 것이다.

>>> 솔로몬의 인생 수업 2

인생이 헛되지 않으려면,

1. 나 중심에서 하나님 중심이 되어야 한다.

   자신을 위해 행복의 무지개를 찾아 온 세상을 떠돌아다니지 말고, 하나님이 주
   시는 가족과 함께 일상의 행복을 누리자. 그 작은 것에 만족하고 감사하며 살자.
   그것이 행복이다.

2. 죄에 대한 심판이 있음을 기억해야 한다.

3. '나'라는 이기심의 감옥에서 빠져나와야 한다.

나의 눈으로 인생을 바라보면

허무이며 절망이다.

그러나 하나님의 눈으로 인생을 바라보면

인생은 하나님이 보내주신

소중한 선물이며 복이다.

화살같이 빠른 세월을 아끼라

인생은 무엇인가? 인생은 시간의 길이다. 내가 누구에게 한 시간을 내주었다는 것은 내 인생의 일부분을 떼어주었다는 것이다. 1초가 모여 1분이 되고, 1분이 모여 한 시간이 된다. 한 시간이 모여 하루가 되고, 하루가 모여 1년이 된다. 그리고 1년이 모여 평생이 된다. 즉 시간이 바로 인생인 것이다. 이 시간을 어떻게 보내느냐에 따라 허무한 인생이 되기도 하고 의미 있는 인생이 되기도 한다.

이 세상에는 시간에 대해 세 가지 커다란 관점이 있다. 대표적인 시간관이 불교나 정령 숭배자들이 갖는 윤회적 시간관이다. 그들은 시간이 그저 돌고 돈다고 생각한다. 이런 시간관을 가지면 열심히 살 이유가 없고, 또 특별한 계획을 세울 필요도 없다. 그냥 시간이 가는 대로 살다 죽으면 또다시 좋은 기회는 오고, 더 좋은 신분으로 태어날 수도 있다. 윤회적인 시간관을 가지면 삶을 낭비하기 딱 좋은 인생을 살게 된다.

두 번째는 세속주의나 물질주의 시간관이다. 이들은 시간이 소모되는 것이라고 생각한다. 대부분의 세상 사람들이 이런 시간관을 가지고 있다. 이런 시간관을 가지면 최선을 다하는 것은 좋은데 한 번밖에 살지 않는 인생을 최고의 것을 만들기 위해 거짓과 위선과 악행을 마다하지 않는다. 그들은 "인생은 죽으면 끝"이라고 말한다. 이것은 사탄이 심어준 인생 최대의 거짓말이다. 인생은 죽음이 끝이 아니다. 죽음 이후에는 반드시 영원한 세계가 기다리고 있다.

> "한 번 죽는 것은 사람에게 정해진 것이요 그 후에는 심판이 있으리니"(히 9:27).

세 번째는 기독교인이 갖는 하나님 나라를 향한 시간관이다. 이것을 종말론적 시간관이라고도 한다. 하나님께서 우리를 이 세상에 보내셨고, 하나님께서 우리 인생을 시작하게 하셨다. 우리는 우연히 태어난 존재가 아니다. 하나님의 계획 속에서 하나님의 뜻을 따라 이 시대에 이 나라에 태어난 것이다. 우리 인생은 하나님께서 시작하게 하셨고, 마치게 하실 것이며, 하나님의 나라로 들어가게 하실 것이다. 우리는 하루하루를 살지만 하나님의 나라를 향해 사는 것이다. 그러므로 우리 인생은 윤회적 시간관이나 세속주의 시간관을 가진 사람들이 빠지는 허무가 아니다. 우리는 하나님 나라를 향한 시간을 보내고 있다.

전도서 3장에는 시간에 대한 말씀이 연이어 나온다. 먼저 3장 1~9절까지 보면 28가지의 때가 기록되었다. 28가지가 서로 대칭을 이루어 14가지가 된다. 그 14가지를 보면,

1. 날 때가 있고, 죽을 때가 있다.
2. 심을 때가 있고, 거둘 때가 있다.
3. 죽일 때가 있고, 치료할 때가 있다.
4. 헐 때가 있고, 세울 때가 있다.
5. 울 때가 있고, 웃을 때가 있다.
6. 슬퍼할 때가 있고, 춤출 때가 있다.
7. 돌을 던져버릴 때가 있고, 돌을 거둘 때가 있다.
8. 안을 때가 있고, 안는 일을 멀리할 때가 있다.
9. 찾을 때가 있고, 잃을 때가 있다.
10. 지킬 때가 있고, 버릴 때가 있다.
11. 찢을 때가 있고, 꿰맬 때가 있다.
12. 잠잠할 때가 있고, 말할 때가 있다.
13. 사랑할 때가 있고, 미워할 때가 있다.
14. 전쟁할 때가 있고, 평화할 때가 있다.

이런 말씀을 보면서 "나도 언젠가 좋은 때가 오겠지" 하며 될 대로 되라고 하는 것은 윤회적인 시간관이고, "나는 좋은 때가 지나갔어" 하며 체념하는 것은 세속적인 시간관이다. 우리 그리스도인은 이런 때를 보며 세상 사람들과 다르게 시간을 보내야 한다.

그렇다면 우리는 어떻게 시간을 보내야 할까?

모든 시간을 가치 있게 만들어야 한다

나에게 주어진 시간을 가치 있는 시간으로 만들려면 매 순간 최선을 다해야 한다. 시간이라는 것은 한 번 지나가면 절대로 다시 돌아올 수 없다. 시간은 재생 불가능하다. 그래서 시간은 소중하다. 우리에게는 심을 때가 있어야 함을 알고 열심히 심어야 한다. 심지 않고는 거둘 수 없는 것이 자연의 법칙이다.

> "눈물을 흘리며 씨를 뿌리는 자는 기쁨으로 거두리로다"(시 126:5).
> "울며 씨를 뿌리러 나가는 자는 반드시 기쁨으로 그 곡식 단을 가지고 돌아오리로다"(시 126:6).

눈물을 흘리며 씨를 뿌리는 자는 기쁨으로 수확하게 된다. 울며 씨를 뿌리는 시간이 반드시 있어야 기쁨으로 단을 거두는 날이 온다. 왜 시편 126편은 5~6절에 똑같은 말씀을 두 번이나 반복하고 있을까? 이것은 강조이다. 지금 상황이 어려워도 눈물을 흘리는 고통과 고난이 있어도 씨앗을 심는다면 반드시 기쁨으로 수확하는 날이 온다는 말씀이다. 심을 때가 있어야 거둘 때가 있고, 울 때가 있어야 웃을 때가 있다. 지금 상황이 어렵다고 낙심하거나 포기하지 말고 주저앉지 말고 눈물로 씨를 뿌려야 한다.

사도 바울은 에베소서에서 똑같은 의미로 이렇게 말하였다. "세월을 아끼라. 때가 악하니라"(엡 5:16). 헬라어에서는 일반적으로 '시간'이라는 뜻의 '크로노스'라는 단어를 사용하는데, 여기에서는 '세월'이라는 뜻의 '카이로스'를 사용하였다. '크로노스'는 시계가 나타내는 1초, 2초, 3초를 말할 때 쓰는 시간을 말한다. 그러나 '카이로스'는 그런 시간이 아니라 기회, 의미 있는 시간을 말한다. 즉 세월을 아끼라는 말은 1초, 2초의 시간을 아끼라는 말이 아니라 시간을 소중한 기회로 바꾸라는 뜻이다. 하나님께서 우리에게 주신 최고의 자원인 시간을 활용하여 인생의 의미 있는 족적을 남기라는 뜻이다.

그러기에 우리는 이 소중한 시간을 그저 더러운 물을 하수구에 버리듯 마구 쏟아버리는 우매한 자가 되어서면 안 된다. 몸의 욕구가 하자는 대로 눕고 자고 TV나 보면서 아무렇게 시간을 보내서는 안 된다. 생각을 갖고 시간을 컨트롤해야 한다. 매 순간을 소중히 여기며 무엇인가를 심어야 한다. 책을 읽거나 글을 쓰거나 무엇을 연습하거나 의미 있는 일을 하거나 무엇을 하든 하나님께서 주신 시간을 기회로 만들어야 한다.

분명한 목표, 분명한 꿈이 있으면 시간을 낭비하지 않는다. 우리는 꿈꾸고 노력해야 한다. 우리는 새해가 되면 계획을 세운다. 그런데 이루어지지 않는 경우가 허다하다. 왜 그럴까? 계획만 세우지 그 계획을 이루기 위해 노력하지 않기 때문이다. 그러나 작은 계획이 모여 꿈이 되고 인생이 된다. 그러기에 C. S. 루이스는 "새로운 목표를 세우거나 새로운 꿈을 꾸기에 너무 늦은 나이란 없다"라고 말했다. 이에 덧붙여 작은 꿈을 꾸지 말고 하나님께서 도와주시지 않으면 절대로 이룰 수 없는 큰 꿈을 꾸기 바란다. 그리고 그 꿈을 위해 투자하기 바란다. 눈물로 씨를 뿌리라. 환경이 어렵다고 절대 포기하지 말라.

요셉은 감옥 안에서 남을 위해 시간을 사용하여 최고의 인맥을 쌓았다. 바울은 감옥 안에서 성경을 기록하였다. 베토벤은 겨울이든 여름이든 새벽에 일어나서 오후 2~3시까지 작곡을 계속했다. 마음만 먹으면 비전을 향해 시간을 투자하지 못할 장소란 없다. 어떤 장소에 있든지 시간을 낭비하지 않고 씨를 심는 시간으로 만들 수 있다. 시간을 허비하지 말고 미래를 위해 씨를 뿌려야 한다. 당신을 향한 하나님의 계획은 절대로 초라하지 않고 당신이 생각하는 것보다 훨씬 크다. 왜냐하면 하나님 자체가 위대하신 분이기 때문이다. 당신을 향한 하나님의 계획은 당신이 상상하지도 못할 만큼 크다. 그러나 당신이 지금 아무것도 심지 않는다면 그 계획은 드러나지 않을 것이다.

파데레프스키는 음악가이며 폴란드의 초대 총리 겸 외무장관이었다. 파데레프스키는 피아니스트로서 쇼팽, 베토벤, 바흐 연주에 뛰어났으며 작곡가로서도 몇 편의 오페라와 교향곡 및 피아노곡을 작곡했다. 연주자로서 파데레프스키는 연습벌레였다.

한 친구가 그에게 물었다.

"왜 그렇게 열심히 연습하지?"

파데레프스키가 대답했다.

"하루를 연습하지 않으면 내가 알고, 이틀을 연습하지 않으면 평론가들이 알고, 사흘을 연습하지 않으면 관객이 알게 돼."

(이재규, 「무엇이 당신을 만드는가?」(위즈덤하우스), 61쪽)

하나님은 보석을 그냥 땅에 흘려놓지 않으셨다. 보석은 모두 땅속이나 바위 속에 심겨 있다. 땀 흘리며 노력해서 보석을 찾아내는 것이 우리의 책임이다. 할 수만 있으면 심는 시간을 가지라. 세계의 갑부인 빌 게이츠는 이런 말을 했다. "가난한 가정에 태어난 것은 부모의 책임일 수 있지만 가난하게 죽는 것은 그 사람의 책임이다." 맞다. 내 환경을 남 탓하면 안 된다. 매 순간 씨를 심는 자는 기쁨으로 단을 거둘 날이 온다. 그래서 부지런히 씨를 심는 삶을 살아야 한다.

성령님과 심고 행복하게 기다려야 한다

무엇을 심었다고 해서 곧바로 수확하는 것은 아니다. 울며 씨를 뿌렸다고 해서 바로 그다음 날 기쁨으로 단을 거두는 것이 아니다. 뿌린 씨앗을 열매로 거두는 데는 많은 시간이 필요하다. 비전을 가졌다고 해도 그 비전이 바로 이루어지진 않는다. 고통의 시간이 필요하다. 눈물의 시간이 필요하다. 비전은 고통의 눈물을 먹고 자란다.

"하나님이 모든 것을 지으시되 때를 따라 아름답게 하셨고"(전 3:11).

심는 시간도, 수확을 기다리는 시간도 아름다운 시간이다. 인생은 하나님께서 주신 선물이기에 모든 시간이 다 아름답다. 씨앗을 뿌리는 봄도 아름답다. 뜨겁고 지루한 여름도 아름답다. 초가을의 차가운 이슬이 내리는 시간도 아름답다. 수확하는 늦가을도 아름답다. 수확 이후 차디찬 겨울도 아름답다. 우리는 '인생은 아름답다'는 대명제를 가져야 한다. 지금 고통의 시간을 보내고 있는가? 그 시간도 아름다운 시간이다. 지금 사망의 음침한 골짜기를 통과하고 있는가? 그 시간도 아름다운 시간이다. 당신의 지나온 과거를 한번 되돌아보라. 아름답지 않았던 시간이 어디 있는가? 다 아름다운 시간이다.

나는 미국에서 가난한 유학생활을 하였다. 지금 되돌아보면 그 시간도 참 아름다웠다. 유학을 마치고 한국에 돌아와서 청년 몇 명을 데리고 개척했을 때는 가슴이 뛰었다. 개척 당시 우리 일곱 식구가 반지하 18평의 작은방에서 3년 동안 지냈다. 그 시간도 참으로 아름다웠다. 지금도 아름답다. 앞으로 10년, 20년 후 노인이 되어도 아름다울 것이다. 인생은 하나님의 선물이다. "그것이 하나님의 선물인 줄도 또한 알았도다"(전 3:13). 전도서에는 우리가 암송해야 할 명언이 많이 나온다. 3장에는 "인생은 하나님의 선물이다" "인생은 아름답다"라는 말씀이 있다. 한번 복창해보자.

"인생은 하나님의 선물이다!"
"인생은 아름답다!"(Life is beautiful!).
"인생은 눈부시게 아름답다!"

"인생은 아름답다"라는 안경을 끼고 인생을 보면 다 아름답다. 씨를 뿌린 뒤 싹이 나지 않는다고 답답해하지 말라. 그냥 기쁘게 기다리자. 삶의 태도가 늘 부정적이고 냉소적인 사람은 그 태도를 고쳐야 한다. 입만 열면 인생은 불공평하다, 누가 자신을 부당하게 대한다, 일이 되는 것이 없다, 살고 싶지 않다, 애들은 골칫덩어리다, 삶에 아무런 낙이 없다고 말하는 사람은 "인생이 아름답다"라는 안경을 써야 한다. 세르반테스의 소설 「돈키호테」의 주인공 돈키호테는 이런 말을 했다. "이룰 수 없는 꿈을 꾸고, 이룰 수 없는 사랑을 하고, 이길 수 없는 적과 싸움을 하고, 견딜 수 없는 고통을 견디며, 잡을 수 없는 저 하늘의 별을 잡자!"

성경은 "만사가 다 때가 있다"(전 3:1)고 말한다. 많은 사람이 행복하게 기다리지 못해서 포기하는 경우가 많다. 요셉은 꿈을 꾸고 그 꿈이 이루어지기까지 애굽에 종으로 팔려서 13년의 세월을 보냈다. 모세는 광야로 쫓겨 가서 40년의 세월을 보냈다. 다윗은 사무엘 선지자에게 기름부음을 받고 10년이 넘도록 사울을 피해 다니며 도망자의 시간을 보냈다. 기다리는 시간이 길어진다고 해서 그 비전이 사라지는 것은 아니다. 꿈을 꾸고 투자하는 것은 우리의 일이다. 그러나 그 꿈이 이루어지게 하는 것은 하나님이 하신다. 그 꿈이 이루어지는 시기와 방법은 아무도 모르나 오직 하나님의 때에 가장 좋은 것으로 주실 것이다. 큰 비전일수록 숙성되는 시간이 오래 걸린다. 그래서 원래 큰 인물은 대기만성이라고 말하지 않는가!

넬슨 만델라는 남아프리카공화국 최초의 흑인 대통령이 된 사람이다. 그는 음베조라는 아주 작은 마을에서 태어났다. 어릴 때부터 흑인이라는 이유로 인종차별을 겪으며 자랐다. 그는 대학 졸업 후 변호사로 일하며 인권운동을 했다. 44세에 반인종차별 운동을 벌이다가 내란죄로 구속되어 종신형을 선고받은 그는 감옥에서 27년 6개월의 세월을 보냈다.

그렇다면 만델라는 종신형을 선고받고도 어떻게 절망하지 않을 수 있었을까? 그는 매일 절망을 초대하지 않고 희망을 품었다고 한다. 그는 매일 태양을 쳐다보며 자신에 대한 희망과 나라에 대한 미래를 꿈꾸는 낙관론자로 지냈다고 한다. 그는 이렇게 말한다. "나는 절망에 굴복하지 않으려 했고 굴복할 수도 없었다. 그것은 곧 패배와 죽음의 길이었기 때문이다." 그는 종신형으로 감옥에서 죽는다는 생각을 한 번도 하지 않았다. 준비만 잘한다면 언젠가는 자유인으로서 아프리카 대지를 두 발로 걷게 될 것이라고 낙관적으로 생각했다.

그는 감옥에서 언어를 공부하였고, 제자리 달리기 45분, 팔굽혀펴기 200회, 윗몸일으키기 100회를 매일 했다. 그리고 72세에 석방되었다. 그는 감옥에서 나와 편안히 사는 것을 원치 않고 계속 인종차별 반대운동을 하였다. 3년 후 그는 노벨평화상을 받았으며, 4년 후에는 남아프리카공화국의 대통령이 되었다.

지금 당신이 어려운 일에 빠져 있다 해도 그 시간은 아름다운 시간이다. 비록 감옥에 갇힌 것과 같은 상황이라도 그 시간마저 아름다운 시간이다. "인생은 아름답다"라는 대명제를 생각하면서 지금 어려워도 포기하지 말고 행복하게 기다리라. 삶의 분명한 목표를 세우고, 그 목표를 향해 행동하는 시간을 갖는 것이 중요하다. 우리에게 주어진 시간을 아무렇게 보내지 말고 목적을 향해 움직여야 한다. 틈만 나면 목적을 위해 시간을 사용하고 목적을 위해 시간을 투자해야 한다.

그것이야말로 후회 없는 인생을 사는 첫걸음이다. 이와 관련해서 영국의 역사가이자 비평가인 토머스 칼라일은 이런 말을 했다. "목표가 없는 사람은 아무것도 하지 않고 사는 사람과 똑같다."

헨델은 51세에 파산과 실패를 계속하였고, 중풍으로 몸의 오른쪽이 마비되었으며, 돈은 바닥났고, 채권자들은 돈을 갚지 않으면 감옥에 넣겠다는 협박을 해왔다. 그러나 그는 인생을 포기하지 않고 계속 기도하면서 기다렸다. 헨델은 중풍을 앓은 지 5년 뒤인 56세에 성령 충만을 받은 후 그의 생애 최고의 걸작인 〈메시아〉를 작곡하였다.

당신이 지금 꽃이 아니라고 낙심하지 말라. 때가 되면 꽃이 필 것이다. 그때는 그분이 아신다. 그러니 매일 감사하며 기다리라. 아직 당신 인생에 최고의 날은 오지 않았다. 모세의 인생은 80세에 시작되었다. 당신이 오늘 인생을 아름답게 보기 시작한다면 지금보다 훨씬 더 나은 미래가 나타날 것이다. 당신은 쓰레기로 태어나지 않았다. 당신은 이 세상에 하나뿐인 보석으로 태어났다.

성령님과 영원을 준비하며 살아야 한다

인생이란 영원을 준비하는 시간이다. "하나님이 모든 것을 지으시되 때를 따라 아름답게 하셨고 또 사람들에게는 영원을 사모하는 마음을 주셨느니라. 그러나 하나님이 하시는 일의 시종을 사람으로 측량할 수 없게 하셨도다"(전 3:11). 이 세상에 존재하는 모든 사람은 종교성을 지니고 있다. 구석기, 신석기, 청동기, 철기 시대에서 현대에 이르기까지 모든 인류는 종교성을 가지고 제사를 지냈다. 왜 사람이라고 하면 원시림에 사는 원시인이나 뉴욕 맨해튼에 사는 현대인이나 할 것 없이 종교성을 가지고 제사를 지내며 신을 찾는가? 그 이유는 하나님께서 사람에게 영원을 사모하는 마음을 심어놓았기 때문이다. 사람은 영원히 사시는 하나님의 형상을 닮아 지어졌기에 영원에 대한 본능이 있다. 그렇다면 하나님은 왜 모든 사람에게 영원을 사모하는 마음을 주셨을까?

첫째, 영원이 있기 때문이다. 우리는 어떻게 영원에 연결될까? 우리는 원래 하나님과 영원히 살도록 창조되었다. 그러나 사람이 죄를 지은 후 하나님과 분리되어 사람이 짧은 생을 마치면 지옥에 떨어지게 되었다. 그런 우리가 어떻게 다시 영원으로 연결될까? 우리와 영원을 연결하는 다리이신 예수님 때문이다. 예수님은 어떻게 우리를 영원으로 연결하는 다리가 되실까? 예수님께서 우리의 죄 문제를 십자가에서 해결하셨기 때문이다.

둘째, 당신은 예수님을 주인으로 모셨는가? 그렇다면 당신은 이 땅에 발을 딛고 있지만 영원에 연결된 삶을 사는 것이다. 매일 예수님과 함께 영원을 향한 삶을 살라. 예수가 없는 자는 이 세상이 끝나는 날 죄와 함께 영원한 지옥에 던져질 것이다. 우리는 돈을 벌기 위해 살지 않는다. 우리는 이 세상에서 성공하기 위해 살지 않는다. 만약 돈이나 이 세상의 성공이 삶의 목적이라면 우리는 죽음과 함께 허무에 빠질 것이다.

우리의 인생은 영원을 준비하는 시간이다.
당신의 인생을 일생으로 끝내지 말고
영생으로 들어가는 준비시간이 되도록 해야 한다.

우리가 이 세상 삶이 끝이 아니라 그 후에 영원의 삶이 있음을 알게 되면 인생의 태도가 달라질 것이다. 영원이 있는 것을 아는 사람은 이 세상의 부귀영화만을 위해 살지 않는다. 영원이 있다는 사실을 알면 삶의 목적도, 의미도, 가치도 다 달라진다. 영원이 있다는 것을 아는 사람은 오늘의 고통을 다 이길 수 있다. 영원이 있다는 것을 아는 사람은 오늘의 억울함도 다 견딜 수 있다. 영원이 있다는 것을 아는 사람은 오늘을 넘어 내일을 향한 희망을 갖고 산다. 영원한 삶에 다가갈수록, 하나님께 가까이 나아갈수록 이 세상 것이 작게 보일 것이다. 예수님을 믿는다고 하여도 천국은 보이지 않고 이 세상만 크게 보이는 사람은 예수님을 믿는 것이 아니다. 영원을 믿지 않는 사람은 이 세상만을 위해 살고 영원을 믿는 사람은 천국을 위해 산다.

당신이 아무리 교회를 오래 다녔어도 영원을 위해 아무것도 투자하지 않는다면 영원을 믿지 않는 사람이다. 지금 당신 자신에게 조용히 물어보라. 지금 영원을 위해 투자하는 것이 무엇이 있는지. 인생이란 영원을 위해 투자하는 시간이다. 영원을 위해 시간을 투자하라. 영원을 위해 물질을 투자하라. 당신의 은사와 달란트를 영원을 위해 투자하라. 현재의 삶에 가장 파괴적인 면은 근시안적인 사고이다. 우리의 오늘이라는 삶은 물 위에 떠 있는 빙산에 불과하다. 영생이라는 것은 우리 눈에 보이지 않는, 그러나 분명히 존재하는 바닷속에 잠긴 거대한 빙산과 같은 것이다.

영원을 위해 세월을 기회로 만들라. 영원을 위해 세월을 의미 있는 시간으로 만들라. 그것이 세월을 아끼는 것이다. 바울이 세월을 아끼라고 한 것은 자기계발을 위해 시간을 쓰라거나 성공을 위해 시간을 쓰라는 말이 아니다. 당신은 오늘 주어진 시간을 영원을 위해 어떻게 쓰고 있는가?

"우리가 다 하나님의 심판대 앞에 서리라"(롬 14:10).

우리가 이 땅에 사는 동안 시간을 어떻게 사용했는지 심판받을 날이 기다리고 있다. 공부를 잘하는 사람과 못하는 사람의 차이가 무엇인 줄 아는가? 공부를 잘하는 사람은 매일 시험 준비를 한다. 그러나 공부를 못하는 사람은 시험 직전에만 공부한다. 인생을 잘사는 사람은 하루하루가 인생의 마지막 날인 것처럼 영원을 준비하며 산다. 그러나 인생을 잘 못 사는 사람은 '나중에 주를 위해 살지' 하고 미루어 놓는다. 매일매일 영원을 위해 준비하는 일을 미루지 말라. 갑자기 그

날이 닥칠 것이다. 우리는 인생의 끝 날이 있음을 알고 매일 준비하며 살아야 한다. 시작한 때가 있으면 마칠 때가 있다. 날 때가 있으면 죽을 때가 있다. 눈물로 씨를 뿌리지 않으면 웃으며 결실을 보지 못한다. 어제보다 오늘은 나를 지으신 하나님을 만날 날이 더 가까워졌다.

탈무드에 이런 말이 있다. "매일 마지막 날인 것처럼 사십시오." 매일 마지막 날을 준비하며 살라. 때를 얻든지 못 얻든지 복음을 전하라. 틈만 나면 복음을 전하라. 당신의 인생을 호화 유람선을 타고 다니다 침몰한 타이타닉처럼 살 것인지, 아니면 곳곳에 복음을 전하는 군함이 될 것인지 스스로 정하라. 사도 바울은 "사는 것은 그리스도니 죽는 것도 유익하다"(빌 1:21)고 고백했다. 죽는 것이 유익하다는 말은 그에게 죽음은 곧 하늘나라에서의 '상급'이라는 뜻이다. 당신이 어디에 살고 있든지 당신의 시선을 천국에 고정하라. 그곳이 우리의 최종 목표지이다. 그리고 당신이 매일 살아가야 하는 목적지이기도 하다.

지금으로부터 100년 전 사람인 존 패턴이라는 선교사의 이야기이다. 그는 1824년 스코틀랜드의 가난한 집에서 태어나 17세에 회심하고 20세부터 전임사역자의 길을 걷기 시작했다. 빈민가에서 성공적으로 사역하다가 식인종이 우글거리는 뉴헤브리디스 군도에 복음 전할 사람을 찾는다는 말을 듣고 그곳에 가기로 결심하였다. 그곳은 이미 20년 전에 두 선교사가 잡아먹혔던 곳이다. 주위 사람들이 만류하였다. 패턴은 이렇게 적고 있다.

"마음씨 좋은 노신사는 나를 붙들고 소리 내어 울었다. '식인종이 살고 있다니까요. 목사님도 잡아먹힐 거라고요.' 나는 이렇게 대답했다. '딕슨 씨, 머잖아 선생님이 가지고 있던 것을 모두 남겨둔 채 무덤에 들어가게 될 것입니다. 거기서는 벌레들이 시신을 뜯어먹겠지요. 주님만 섬기다가 죽는다면 벌레가 먹든 식인종이 먹든 무슨 차이가 있겠습니까? 마지막 때가 되면 선생님도 저도 그리스도처럼 깨끗한 몸으로 부활하게 될 것입니다.' 노신사는 눈물을 닦고 방을 나갔다."

존 패턴은 33세에 아내와 함께 뉴헤브리디스 군도에 들어갔다. 도착한 지 얼마 안 되어 아내와 갓난아이는 풍토병으로 세상을 떠났다. 존 패턴은 2개의 고아원과 여러 교회를 지었고, 그로 인해 수많은 사람이 복음을 받아들였다. 그는 그곳에서 83세의 나이로 천국에 갔다.

(데이비드 플랫, 「래디컬」(두란노), 232-233쪽)

아프리카에서 일하던 어느 선교사는 여러 해 동안 많은 열정을 쏟았음에도 불구하고 열매를 거두지 못했다. 오히려 두 아들이 풍토병에 걸려 시름시름 앓다가 목숨을 잃고 말았다. 두 아들을 땅에 묻은 아내 역시 충격을 이기지 못하고 세상을 떠났다. 그는 몹시 애통한 심정을 이기지 못해 끝내 선교를 포기하고, 고향인 미국으로 가고 있었다. 그가 고향으로 돌아오는 배에는 휴가를 얻어 아프리카에서 사냥을 하고 돌아오는 미국의 대통령 일행이 타고 있었다. 배가 샌프란시

스코 항에 도착했을 때 해군 군악대의 연주와 예포 소리가 울려 퍼졌다. 대통령 일행이 내리려 하자 붉은 주단이 깔렸다. 마지막에 그가 힘없이 내릴 때는 붉은 주단이 걷히고 해군 군악대도 떠나간 다음이었다.

그는 쓸쓸한 바닷가를 거닐며 하나님 앞에 넋두리를 늘어놓았다.

"휴가를 얻어 사냥을 즐기고 돌아오는 대통령 일행은 저렇게 엄청난 환영을 받는데, 낯설고 물선 땅에 내 사랑하는 가족을 묻고 돌아오는 내게는 환영하는 사람도, 날 반겨주는 사람도 없는 것이 인생입니까?"

그때 하나님의 음성이 들렸다.

"아들아, 이 땅이 인생의 전부가 아니란다. 네가 진정한 고향에 돌아올 때는 해군 군악대의 연주가 아니라 천군 천사들이 나팔소리와 함께 너를 영접하게 될 것이다. 붉은 주단이 아니라 황금 길로 너를 맞이해주마. 아들아, 이것이 네 삶의 마지막이 아니니라."

당신이 인생의 종착점에 섰을 때 달려왔던 인생길을 돌이켜보며 후회하지 않을 삶을 살기 바란다. 이 땅만을 위한 삶은 허무하다고 아무리 말해도 믿지 않는 사람이 가득하니 정말 안타깝다. 당신은 영원을 위해 사는 지혜로운 사람이 되기를!

〉〉〉 솔로몬의 인생 수업 3

▶ 시간을 잘 보내려면

1. 모든 시간을 가치 있는 시간으로 만들어야 한다.

   성령님과 함께 매 순간 씨를 심어야 한다.

2. 성령님과 함께 행복하게 기다려야 한다. 인생은 아름답다.

3. 성령님과 함께 영원을 준비하며 살아야 한다.

▶ 시간에 대한 좋은 팁

1. 일 년의 우선순위를 정하라. 예배, 큐티, 새벽 기도 등.

2. 중요한 일과 긴급한 일을 구분하고, 중요한 일을 먼저 하라.

3. 내일 아침에 할 일을 4가지 쓰라.

   그중에서 내일 반드시 해야 할 중요한 것을 우선순위로 먼저 쓰라.

※ 매일 밤 한 달만 해보라. 크게 달라질 것이다.

영원한 땅을 위해 하는 일이 있는가? 체크해보라.

곁에 있는 좋은 친구가 주는 행복

사람은 혼자 살도록 창조되지 않았다. 하나님은 아담 혼자 있을 때 보시기에 좋지 않다고 하셨다. 하나님은 언제나 성부, 성자, 성령의 삼위 하나님으로 세 분이 공동체로 존재해 오셨다. 하나님의 형상을 닮은 우리도 공동체로 존재하는 것이 당연하다. 그래서 사람은 아무리 큰 성공을 해도 혼자 살면 외롭고 고독하다. 문화가 발달하면 할수록 더 외로워진다. 사람은 컴퓨터가 사용된 이후 혼자 있는 시간이 더 많아졌고, 과거보다 훨씬 더 고립되었다. 최근엔 스마트폰이 생겨 이웃과 함께하는 것보다 혼자 스마트폰을 보며 지내는 시간이 많아졌다. 그 결과 더 많은 외로움을 느낀다. 그렇다면 이런 외로움을 어떻게 해결해야 하는가? 전도서 4장에는 세 부류의 외로운 사람이 소개된다.

첫 번째 사람은 학대받는 사람이다.

"내가 다시 해 아래에서 행하는 모든 학대를 살펴보았도다. 보라. 학대받는 자들의 눈물이로다. 그들에게 위로자가 없도다. 그들을 학대하는 자들의 손에는 권세가 있으나 그들에게는 위로자가 없도다"(전 4:1). 학대받는 자는 언제나 외롭다. 학대받는 자에게는 눈물이 있다. 그 눈물을 닦아줄 사람이 없다. 더욱이 그 학대가 정의롭지 못할 경우에는 더 억울하고 외롭다. 이 세상에는 완전한 정의란 없다. 판사나 검사가 죄인을 올바로 판단하였다고 생각하지만 억울한 판결을 받는 자가 가득하다. 올바른 판단을 받지 못한 사람에게는 그 누구도 진정한 위로를 줄 수 없다. 그래서 전도자는 위로자가 없음을 탄식하고 있다.

전도자는 곳곳에서 끝없이 일어나는 학대를 받으니 차라리 일찍 죽는 것이 더 복되다며 인생 허무를 말하고 있다. "그러므로 나는 아직 살아 있는 산 자들보다 죽은 지 오랜 죽은 자들을 더 복되다 하였으며 이 둘보다도 아직 출생하지 아니하여 해 아래에서 행하는 악한 일을 보지 못한 자가 더 복되다 하였노라"(전 4:2-3)

솔로몬이 허무를 말할 때는 언제나 '해 아래서'라는 말을 한다. 즉 하나님 없는 재판은 허무하다는 뜻이다. 전도자의 글에는 묘한 여운이 남아 있다. 그가 이렇게 인생 허무를 말하는 이면에는 위로자가 없어서 그렇다는 아쉬움을 남기고 있다.

두 번째 사람은 수고와 재능으로 성공하여 시기를 받는 사람이다.

"내가 또 본즉 사람이 모든 수고와 모든 재주로 말미암아 이웃에게 시기를 받으니 이것도 헛되어 바람을 잡는 것이로다"(전 4:4). 누군가 열심히 수고하여 성공하면 겉으로는 다 축하해주는 것 같지만 사실은 사람의 마음에 악함이 있어 성공한 자를 볼 때 속으로 시기한다. 특히 가까운 친구가 나보다 잘될 때 시기심이 풍선처럼 부풀어 오른다.

다윗과 사울의 이야기는 이를 잘 보여준다. 다윗이 골리앗을 죽이자 온 나라에 사울은 천천이요 다윗은 만만이라는 노래가 울려 퍼졌다. 순간 사울은 시기심에 빠지게 되었다. 그는 골리앗을 물리친 전쟁 영웅인 다윗을 세워주기보다 자신의 왕위를 위협하는 자로 여기고 죽이려고 하였다. 이 시기심의 결과로 다윗은 10년이 넘도록 광야에 피해 사는 도망자의 삶을 살았고, 나중에 사울은 아이러니하게 자신이 먼저 전쟁터에서 죽고 말았다.

전도서 4장 4절에 한 가지 시기심이 더 기록되어 있다. "내가 또 본즉 사람이 모든 수고와 모든 재주로 말미암아 이웃에게 시기를 받으니 이것도 헛되어 바람을 잡는 것이로다." 그것은 재주가 뛰어난 이를 보면 시기심이 생긴다는 것이다.

〈아마데우스〉라는 영화를 보면 뛰어난 재주를 가진 천재 모차르트를 시기하는 살리에리의 이야기가 나온다. 천재 모차르트는 35세의 아주 젊은 나이에 '레퀴엠'이라는 진혼곡을 짓다가 죽는다. 그의 죽음에 대해 많은 설이 있지만 〈아마데우스〉라는 영화는 그 죽음이 그 당시 궁중악사였던 살리에리가 독살한 것이라고 말하고 있다.

살리에리는 부모의 특별한 도움 없이 단지 피나는 노력으로 열심히 음악을 공부하여 오스트리아 요제프 황제 2세의 사랑받는 궁중 음악장이 되었다. 그런데 살리에리는 자기보다 여섯 살 적고 자신과는 다르게 너무나 뛰어난 음악 신동인 모차르트를 만나게 되었다. 모차르트는 자신처럼 열심히 노력도 하지 않고, 그냥 놀면서 피아노를 치고 놀면서 작곡을 해도 자신이 수십 시간 투자한 것보다 더 탁월하게 잘하였다. 여기에 살리에리는 시기심이 생겨 모차르트에게 진혼곡을 작곡하게 하였고, 그를 과로사하게 했다. 이후에 살리에리는 32년 동안 죄책감에 빠져 살다가 자신이 모차르트를 죽게 하였다고 고백한다. 이 영화는 인간의 시기심이 얼마나 무서운지를 잘 보여준다.

솔로몬은 전도서에서 열심히 수고하여 성공한 자나 재능이 뛰어나서 성공한 자는 시기심 때문에 외롭다고 말한다. 그렇다고 게으르게 아무런 수고도 안 하고 가만히 놀고만 있어도 안 된다고 경고한다.

"우매자는 팔짱을 끼고 있으면서 자기의 몸만 축내는도다"(전 4:5).

팔짱을 끼고 있는 자가 바로 게으른 자이다. 솔로몬은 열심히 수고해도 시기심을 받고 팔짱을 끼고 게을러도 안 된다고 말한다. 그는 다시 한번 6절에서 열심히 수고하는 자의 허무를 말한다. "두 손에 가득하고 수고하며 바람을 잡는 것보다 한 손에만 가득하고 평온함이 더 나으니라"(전 4:6). 솔로몬은 양손에 수고가 가득하여 얻게 되는 시기심보다 한 손의 수고만 하고 마음이 평안한 것이 더 낫다고 말한다.

세 번째 사람은 이름도 없이 그냥 '어떤 사람'이다.

"어떤 사람은 아들도 없고 형제도 없이 홀로 있으나 그의 모든 수고에는 끝이 없도다. 또 비록 그의 눈은 부요를 족하게 여기지 아니하면서 이르기를 내가 누구를 위하여는 이같이 수고하고 나를 위하여는 행복을 누리지 못하게 하는가 하여도 이것도 헛되어 불행한 노고로다"(전 4:8). 솔로몬이 소개하는 또 한 사람의 외로운 자는 '어떤 사람'이다. 그는 친구가 없음은 물론이고 아들도 형제도 없다. 정말 그가 아들도 형제도 없는 자라기보다 너무 일에 빠져 살기에 아들도 그를 모르고 형제도 그를 모른다는 뜻이다. 심지어 그는 자신의 이름조차 없다. 오직 성공만을 위해 산다. 그래서 끝없이 수고한다. 그는 성공하기 위해 멈추지 않고 일한다. 그는 오직 성공만을 위해 살기에 성공을 향한 속도를 줄일 수 없었다.

그러다가 문득 '내가 왜 이렇게 일하지?' '왜 이렇게 일을 해도 만족이 없지?' 하며 허무에 빠지게 된다. 주위에서는 "사장님, 회장님"이라고 부르는데 혼자라고 느낀다. 그는 극도의 외로움에 빠져 모든 것이 허무하다고 느끼게 된다. 세상의 성공 사다리는 올라가면 올라갈수록 점점 외로워진다. 피라미드의 꼭대기에 편안히 눕거나 앉을 평지가 없는 것은 당연하다. 그런데도 사람들은 모두 피라미드의 꼭대기에 올라가려고 한다.

우리는 세 부류의 외로운 사람들을 살펴보았다. 첫 번째 사람은 학대당하는 사람이다. 그는 위로자가 없어서 외로워한다. 두 번째 사람은 열심히 수고하여 성공한 사람, 재능이 뛰어나서 성공한 사람이 주위 사람들에게 받게 되는 시기심 때문에 외로워한다. 세 번째 사람은 이름도 잊고 열심히 수고만 하는 일 중독자의 외로움이다. 그렇다면 사람이 살아가면서 갖게 되는 이런 고독과 외로움을 이길 방법이 없을까?

이런 고독과 외로움을 이길 방법을 솔로몬이 소개한다. 그것은 친구가 주는 우정이다. "두 사람이 한 사람보다 나음은 그들이 수고함으로 좋은 상을 얻을 것임이라"(전 4:9). 인생에는 반드시 친구가 필요하다. 나이가 같은 친구만을 말하는 것이 아니다. 오히려 친구는 나이가 차이 나면 더 좋다. 가족도 친구이고, 부부도 친구이며, 선후배도 친구이다.

좋은 친구는 넘어질 때 일으켜준다

"혹시 그들이 넘어지면 하나가 그 동무를 붙들어 일으키려니와 홀로 있어 넘어지고 붙들어 일으킬 자가 없는 자에게는 화가 있으리라"(전 4:10). 사람이 이 땅에 사는 동안 넘어지는 것은 당연한 일이다. 이 세상에 사는 사람이라면 누구나 넘어지고 또 넘어진다. 사람에게는 각기 다른 감성이 있다. 내가 울 때 울지 않는 사람이 있고, 내가 웃을 때 우는 사람도 있다. 똑같은 음악을 듣고도 우는 사람이 있고, 아무렇지 않은 사람이 있다. 똑같이 솟아오르는 태양을 보고 감동하는 사람이 있는가 하면, 아무렇지 않은 사람이 있다. 사람마다 감성이 다르고, 생각이 다르며, 느낌이 다르고, 지성이 다르며, 의지가 다르다. 그래서 내가 울 때 위로해줄 사람이 필요하고, 내가 넘어질 때 일으켜줄 사람이 필요하다. 어린아이가 걸음걸이를 배울 때 약 2천 번 넘어진다고 한다. 넘어질 때마다 다시 걸을 수 있도록 도와주는 부모가 있다. 아무도 혼자서 인생을 잘살 수는 없다. 돕는 자가 필요하다.

좋은 친구는 추울 때 따뜻하게 해준다

"또 두 사람이 함께 누우면 따뜻하거니와 한 사람이

면 어찌 따뜻하랴"(전 4:11). 솔로몬이 이 글을 쓴 장소는 팔레스타인 땅이다. 중동은 낮에는 40도가 넘게 뜨겁지만 밤에는 영하 5도까지 내려가는 추위가 있다. 지금으로부터 3천 년 전인 그 당시에는 난방 시설이 거의 없었다. 그래서 밤에는 사람의 온기로 따뜻함을 유지하였다. 그래서 친구는 여행에 아주 중요한 존재였다. 어떤 성경학자는 이 구절이 부부의 중요성을 강조한다고 말하기도 한다. 추울 때 부부가 같이 누우면 따뜻해진다. 부부도 평생 친구이다. 부부 사이가 따뜻하면 정말 인생 살 만하다. 부부라도 서로 공격하고 냉소적이면 정말 평생 '웬수'가 된다.

자녀도 평생의 친구이다. 사람은 나이가 들면 몸이 차고 병들고 아프게 된다. 그때 병든 나를 찾아주고 도와주는 사람은 자녀와 손자들이다. 자녀와 손자가 있는 사람은 노년이 아름답고 행복하다. 그래서 성경은 "손자는 노인의 면류관이요 아비는 자식의 영화니라"(잠 17:6)고 말한다. 당신에게 자녀가 있는가? 자녀에게 다정스러운 친구가 되어주라. 그것이 부자관계를 좋게 하는 지혜이다. 대부분의 사람들은 죽기 직전에 자녀와의 관계가 나쁜 것을 후회한다. 더 나이 들기 전에 자녀와의 관계를 너그럽게 하라. 그것이 노년을 따뜻하게 해줄 것이다.

좋은 친구는 공격받을 때 힘이 되어준다

"한 사람이면 패하겠거니와 두 사람이면 맞설 수 있나니 세 겹 줄은 쉽게 끊어지지 아니하느니라"(전 4:12). 우리의 삶은 치열한 싸움터이다. 여기저기서 공격의 화살이 날아온다. 우리를 공격하는 사탄의 화살은 무자비하고 강인하며 비열하다. 사탄이 흔히 쏘는 화살은 '자기 연민'과 '포기'이다.

"나는 세상에서 가장 불쌍한 사람이야."

"아무도 나를 알아주지 않아."

"나는 세상에서 완전히 혼자야."

"나같이 불쌍한 사람은 없어."

"내가 당하는 고통을 이해할 사람은 없어."

"내가 얼마나 힘든지 누가 알아."

"나는 되는 일이 없어."

"나는 버림받은 사람이야."

이런 자학과 자기 연민과 자포자기가 몰려올 때 이것을 막아줄 친구가 필요하다.

친구는 좋은 말을 해야만 하는 건 아니다. 친구는 그냥 그 고통의 현장에 같이 있어 주기만 하면 된다. 친구가 아무것도 하지 않고 그냥 손만 잡아주어도 힘이 생긴다. 부부의 위대함은 고난이 밀려올 때 그냥 같이 그 고난의 현장에 있어 주기만 해도 힘이 되는 데 있다. 뉴스에 대기업 대표나 연예인이 자살했다는 소식이 종종 나온다. 그들은 돈이 없거나 미모가 부족해서 자살한 것이 아니다. 그들에게 자신의 모든 아픔을 나눌 수 있는 딱 한 사람이 없어서 그렇다. 자신의 아픔을 공감해주는 한 사람이 없어서 극단적인 선택을 하는 것이다.

한 사람이면 넘어질 수 있지만 두 사람이면 사탄의 세력을 능히 막을 수 있다. 소 한 마리가 끄는 힘은 6t 정도 된다. 그런데 두 마리가 끌면 12t이 아니라 24t을 끈다고 한다. 이것을 '시너지 효과'라고 부른다. 기러기 한 마리가 혼자 날아가면 8천km를 간다. 그런데 여러 마리가 같이 가면 4만km를 거뜬히 날아간다.

성경에는 시너지 효과를 기록하고 있다. "또 너희 다섯이 백을 쫓고 너희 백이 만을 쫓으리니 너희 대적들이 너희 앞에서 칼에 엎드러질 것이며"(레 26:8). 우리 그리스도인이 함께 힘을 합친다면 5명만 있어도 100명을 이기고, 100명이 되면 1만 명을 이긴다. 그래서 사탄은 그리스도인 5명이 뭉치는 것을 몹시 두려워한다. 분열을 일삼는 사탄의 속임수에 넘어가지 말고 서로 하나가 되자. 솔로몬은 두 겹보다 세 겹이 되면 어떤 사람도 끊을 수 없게 된다고 말한다.

사진을 찍을 때 사진사들은 삼각대를 들고 다니며 찍는다. 삼각대는 아주 견고한 힘을 갖는다. 우리 인생에 내 것을 다 주어도 아깝지 않은 친구 세 명이 있다면 그는 정말 인생을 잘 살고 있는 것이다. 당신에게는 세 명의 친구가 있는가? 당신이 죽었을 때 만사를 제치고 찾아와 당신의 죽음을 애도해줄 친구가 있는가? 당신의 가족을 위로

해주고 당신 자녀의 뒤를 돌보아줄 친구가 있는가? 당신 인생이 외롭다고 말하지 말라. 지금 당신 주위에 있는 사람들과 좋은 친구 관계를 맺으라. 사람들은 나도 좋은 친구가 생겼으면 좋겠다고 말한다. 아니다. 당신이 좋은 친구가 되어주라.

세상에 믿을 사람이 한 명도 없다는 사람은 외로운 인생길을 가고 있는 사람이다. 당신이 먼저 믿을 수 있는 사람이 되라. 특히 교회 안에서 성도의 아름다운 교제를 나누기 바란다. 출애굽기 17장에 보면 이스라엘 백성들이 출애굽해서 광야로 가다가 처음으로 아말렉 군대를 만나게 된다. 그 첫 전쟁에서 여호수아는 말을 타고 이스라엘 군사를 이끌고 전쟁에 나서고, 모세는 산 위로 올라갔다. 모세가 손을 들고 기도하면 이스라엘이 이겼고, 모세가 팔이 아파 내리면 이스라엘이 후퇴했다. 그래서 모세의 팔이 내려오지 않도록 아론과 훌이 각기 모세의 팔을 붙잡았다. 우리가 기도를 멈추지 않으려면 기도를 함께할 수 있는 친구가 필요하다. 사역도 혼자 하면 지치게 된다.

모세가 죽은 뒤에 여호수아가 이스라엘 백성들을 데리고 가나안 땅에 들어간다. 여호수아는 가나안 땅에서 수많은 전쟁을 치렀다. 그는 약 40세에 출애굽하여 광야의 40년 세월을 보내고, 80세 정도에 가나안 땅에 들어가 약 7년 정도 전쟁을 치르며 가나안 땅을 차지하였다. 그가 계속되는 전쟁에 지치자 그의 평생 친구인 갈렙이 헤브론 산지를 정복했다. 여호수아에게 갈렙은 참 좋은 친구였다. 여호수아는 갈렙이 있었기에 긴 광야 길이 지루하지 않았다. 여호수아는 갈렙이 있었기에 끝없는 전쟁에서 계속 열정을 소유할 수 있었다. 여호수아와 갈렙은 아름다운 동행이었다.

또한 성경에 나오는 친구의 대명사는 '다윗과 요나단'이다. 다윗은 골리앗을 죽인 후 사울 왕의 시기심으로 인해 늘 도망 다녔다. 사울 왕의 아들 요나단 왕자는 다윗을 좋아했고, 다윗과 요나단은 좋은 친구였다. 다윗과 요나단의 친구관계는 다윗이 요나단을 좋아하였다기보다 요나단이 다윗을 일방적으로 좋아한 것이었다. 그는 잘되는 자를 시기하지 않고, 시기심을 넘어 진심으로 다윗을 도와주었다. 그래서 둘은 평생 좋은 친구가 되었다. 나중에 다윗은 요나단의 우정을 생각해서 요나단의 아들 므비보셋을 왕궁으로 데려와 친아들처럼 대해준다. 당신 친구가 당신보다 잘될 때 시기심을 넘어 진정으로 그를 사랑하면 당신의 자녀가 복을 받게 될 것이다.

요나단이 다윗을 사랑한 우정을 보면서 왜 자신에겐 요나단처럼 좋은 친구가 나타나지 않는지 불평하는 사람이 있다. 아니다. 이미 좋은 친구는 당신 곁에 있다. 어떤 사람이 이런 글을 썼다. "친구를 찾기 위해 돌아다닐 때는 아무 데도 없었지만 친구가 되기 위해 돌아다녔더니 어디에나 있었다." 당신이 누구를 만나든지 먼저 좋은 친구가 되라. 넘어진 자가 있으면 귀찮아하지 말고 일으켜주라. 추위에 떠는 자가 있다면 옷을 벗어주고, 상처받은 자가 있다면 따뜻하게 격려해주라. 공격받는 자가 있으면 막아주라.

1849년 미국 뉴잉글랜드에서 세관 감정관으로 정직하고 성실하게 일하던 한 남자가 직장에서 해고당해 실직했다. 그때 아내는 뜻밖에 그에게 이런 말을 했다.

"여보 잘된 일이에요. 이제야말로 당신이 하고 싶었던 꿈을 이루실 때가 된 것 같아요. 글을 쓰고 싶어 하셨잖아요. 소원대로 글을 쓰시지요."

그는 아내의 격려에 힘을 얻었다. 그리고 매일 찾아와서 꾸준히 글을 쓰는 데 도움을 준 친구가 한 사람 있었다. 그 친구는 유명한 시인 롱펠로였다. 그가 아내와 친구의 격려로 불과 반년도 안 되어 소설 하나를 완성했는데, 이 소설이 유명한 '주홍 글씨'이다. 그가 바로 청교도 문학사에 불멸의 발자취를 남기게 된 너새니얼 호손이다. 그에게 만일 아내의 격려가 없었다면, 친구의 격려가 없었다면 위대한 작가가 될 수 없었을 것이다. 인생에는 반드시 좋은 친구가 필요하다. 친구 없이 혼자 걸어가는 인생은 길고 외롭다. 그래서 스페인의 대철학자이자 신부인 발타자르 그라시안은 이렇게 말했다. "친구 없이 사는 것만큼 무서운 사막은 없다."

좋은 친구를 어디서 만날까? 교회이다.

세상의 친구는 이익을 앞두고 있기에 좋은 친구가 되기 어렵다. 그러나 교회는 이익에 아무런 관심이 없다. 그냥 교회 안에서 성도로서 아름다운 교제를 하는 것이다. 신약성경에는 '서로'라는 단어가

50번 이상 나온다.

"서로 받아주라"(롬 15:7). "서로 권면하라"(골 3:16).
"서로 짐을 지라"(갈 6:2). "서로 사랑하라"(롬 12:10).
"서로 격려하라"(살전 4:18). "서로 용납하라"(엡 4:2).
"서로 용서하라"(엡 4:32).

우리는 교회 안에서 서로 사랑하고, 서로 기도하며, 서로 격려하고, 서로 짐을 나누어지며, 서로 헌신하라는 명령을 받았다. 이것이 성경적인 교제이다. 현대인은 교회 안으로 깊이 들어가지 않고 예배만 드리고 가는 나 홀로 신앙인이 많다. 이것은 편한 것 같지만 사탄의 노림수에 빠지기 쉽다.

C. S. 루이스의 책 중에 '악마의 편지'라는 글이 있다. 거기에는 사탄이 졸개와 주고받는 대화가 나온다. 사탄은 졸개에게 "너는 인간들의 마음에 나만 빼달라고 하는 말만 심어라. 그러면 우리는 성공이다." 무슨 말인가? 교회에서 무슨 일을 하든 나만 빠지면 된다는 마음을 가지면 사탄은 그 사람을 마음대로 움직일 수 있다는 것이다. 사탄은 교인들이 함께 기도하거나 함께 전도하거나 함께 훈련받는 것을 가장 두려워한다. 이 책을 읽는 당신은 예배만 드리는 '나홀로족'이 되지 않기를 바란다. 교우와 함께 손을 잡으라. 함께 세 겹줄이 되라. 그래서 그리스도의 강력한 군사가 되라. 성경을 혼자 열심히 읽는 것

그 이상으로 교인들이 서로 함께 손을 잡을 때 더 빠르고 강하게 성장한다.

"누구든지 하나님을 사랑하노라 하고 그 형제를 미워하면 이는 거짓말하는 자니"(요일 4:20). 하나님을 사랑한다면 교인들을 사랑하라. 그렇지 않으면 하나님을 사랑한다는 것은 거짓말이다. 우리는 혼자 살 수 없다. 그래서 하나님은 우리에게 교회를 주셨다. 외롭다고 말하지 말고 내가 먼저 손을 내밀자. 외로움이 사라질 것이다. 허무가 사라질 것이다. 위로해달라고 말하지 마라. 내가 먼저 이웃을 위로하자. 참고로 친구를 사귈 때 조심해야 할 사람이 있다. 바로 화를 잘 내는 사람이다. "노를 품는 자와 사귀지 말며 울분한 자와 동행하지 말지니"(잠 22:24).

최고의 친구는 성령님이시다

솔로몬은 전도서 4장에서 세 부류의 외로운 자를 소개하였다. 첫 번째 사람은 억울하게 학대받는 사람으로 위로가 없다고 말한다. 두 번째 사람은 성공은 했지만 시기와 질투로 외로움과 고독을 느끼고 마음에 평온이 없다고 말한다. 세 번째 사람은 끝없이 일만 하는 사람으로 어떤 일을 해도 행복이 없다고 외로움을 호소한다. 누가 이런 외로움을 이기게 해줄까? 물론 좋은 친구가 있으면 큰 힘이 된다. 그러나 사람의 위로는 한계가 있다. 진짜 위로를 주는 좋은 친구는 성령님이시다.

예수님은 제자들을 떠나시면서 "보혜사 성령님을 보내주겠다"고 말씀하셨다. "내가 아버지께 구하겠으니 그가 또 다른 보혜사를 너희에게 주사 영원토록 너희와 함께 있게 하리니"(요 14:16). 여기서 '보혜사'는 '파라클레토스'라는 말로 우리 곁에 바짝 붙어 계시면서 우리를 언제나 긍정적으로 생각하고 변호해주시며 인도해주시는 분이라는 뜻이다.

당신이 아무리 심하게 핍박을 당하고 학대를 받는다고 해도 당신을 돕고 위로해주시는 성령님이 계신다. 당신에게는 모든 것이 다 사라져도 당신과 함께하시는 성령님이 계신다. 아무리 큰 어려움이 닥쳐도 포기하지 말라. 절망하지 말라. 당신을 떠나지 않고 도와주려고 기다리는 성령 하나님이 계신다.

"이와 같이 성령도 우리 연약함을 도우시나니"(롬 8:26).

성령님은 당신의 연약함을 돕길 원하신다. 성령님을 찾으라. 성령님과 친구가 되라. 우리의 진짜 좋은 친구는 성령이시다. 그분이 진짜 위로자시다. 우리가 넘어질 때 세워주시는 분이다. 우리가 추울 때 따뜻함을 주시는 분이다. 사탄의 공격을 이기게 해주시는 분이다. 당신의 힘으로 되지 않는 일이 있는가? 당신의 능력으로 해결되지 않는 문제가 있는가? 성령님을 의지하라. "이는 힘으로 되지 아니하며 능력으로 되지 아니하고 오직 나의 영으로 되느니라"(슥 4:6).

성령 하나님은 전지하시다. 그분은 모든 것을 알고 계신다.
그분의 인도는 항상 옳다. 성령 하나님은 전능하시다.
그분은 모든 것을 하실 수 있다. 그분이 우리의 친구이시다.

성령님과의 동행으로 얻는 힘은 친구와 동행할 때 생기는 시너지 효과 정도가 아니다. "여호와께서 그들을 내주지 아니하셨더라면 어찌 하나가 천을 쫓으며 둘이 만을 도망하게 하였으리요"(신 32:30). 성령님과 함께하면 한 명이 천을 이기고 둘이 만 명을 이긴다. 상황이 어렵다고 낙심하지 말고 성령님과 동행하여 승리를 꿈꾸라. 그분은 영원히 우리와 함께하신다. 세상 친구는 우리를 떠날 수 있다. 그러나 성령님은 결코 우리를 떠나지 않으신다. 성령님이 우리를 영원히 떠나지 않으신다는 이 말씀은 진리이다. 이 말씀을 믿기 바란다.

윤복희 권사가 부른 '여러분'이라는 노래를 보면 이런 가사가 나온다.

네가 만약 괴로울 때면 내가 위로해줄게
네가 만약 서러울 때면 내가 눈물이 되리
어두운 밤, 험한 길 걸을 때 내가 내가 내가 너의 등불이 되리

허전하고 쓸쓸할 때 내가 너의 벗 되리라

나는 너의 영원한 형제야 나는 너의 친구야

나는 너의 영원한 노래야 나는 나는 나는 나는 너의 기쁨이야

네가 만약 외로울 때면 내가 친구가 될게

네가 만약 기쁠 때면 내가 웃음이 되리

어두운 밤 험한 길 걸을 때 내가 내가 내가 너의 등불이 되리

허전하고 쓸쓸할 때 내가 너의 벗 되리라

나는 너의 영원한 형제야 나는 너의 친구야 오오

나는 너의 영원한 노래야 나는 나는 나는 나는 너의 기쁨이야

여기의 친구가 바로 성령님이시다. 성령님이 당신의 가장 중요한 친구이시다. 세상 친구를 찾지 말고, 먼저 성령님과 친구가 되라. 그분과 친구가 되면 모든 외로움이 싹 사라진다. 사도 바울은 그분과 친구가 되어 빌립보 감옥에 들어가서도 찬송할 수 있었고, 감옥에서도 성경을 기록할 수 있었다. 당신도 성령님과 친구가 되어 환경과 상관없이 언제나 기쁨이 넘치는 삶을 살기 바란다. 당신이 지금 외롭다고 느낀다면 당신의 친구이신 성령님을 잊은 것이다. 성령님과 함께하는 사람은 언제나, 어느 장소에서나 항상 행복하다.

>>> 솔로몬의 인생 수업 4

인생을 살아가면서 생기는 고독과 외로움을 이기기 위해서는 좋은 친구가 필요하다. 좋은 친구는 어떤 유익을 주는가?

1. 좋은 친구는 넘어질 때 일으켜준다.
   인생에는 실패하지 않는 자가 없고 넘어지지 않는 자가 없다. 넘어졌을 때 내 손을 잡아 일으켜주는 자가 필요하다.

2. 좋은 친구는 추울 때 따뜻하게 해준다.
   당신 주위에 있는 모든 사람과의 관계를 너그럽게 하라. 정말 좋은 친구는 부부와 자녀이다.

3. 좋은 친구는 공격받을 때 힘이 되어준다.
   이런 좋은 친구가 있으면 좋겠다고 푸념하지 말고, 여기저기서 좋은 친구를 찾으려 하지 말고, 당신이 누구를 만나든지 먼저 좋은 친구가 되어주라. 넘어진 자가 있으면 귀찮아하지 말고 일으켜주고, 추위에 떠는 자가 있다면 옷을 벗어주라. 상처받은 자가 있다면 따뜻하게 격려해주고, 공격받는 자가 있으면 막아주라.
   하지만 진짜 최고로 좋은 친구는 성령님이시다. 당신을 언제나 긍정적으로 생각하고, 당신을 변호해주고 인도해주시는 성령님이 계신다. 성령님은 영원히 당신을 떠나지 않는 최고의 친구이시다. 아무리 어려운 일을 당해도 당신에게는 그 친구가 있음을 잊지 말라.

인생에 한 번은 꼭 찾아오는 전환점

어떤 집사가 이미 망해서 도저히 손댈 수 없는 공장을 인수해서 제품을 개발했다. 그 제품은 날개 돋친 듯 팔렸고, 그는 돈 버는 재미에 푹 빠져 신앙생활을 제대로 하지 않았다. 어쩌다 큰 절기 때 교회에 나가도 뒷전에 앉아 있다가 축도가 끝나기 전에 빠져나왔다. 그런데 사업을 한창 키워나갈 무렵, IMF 경제 위기가 닥쳤다. 융자는 빚이 되고, 제품을 팔 길도 없어져버렸다. 그러자 그는 손들고 하나님 앞에 나와 엎드려 기도하기 시작했다. 돈을 잃고 하나님을 얻은 것이다. 얼마 후 폐업 예배를 드리게 되었는데, 폐업 예배가 끝난 뒤 그는 사람들 앞에서 이렇게 고백했다.

"저는 무일푼으로 시작해서 다시 무일푼으로 돌아왔습니다. 그러나

이 일로 생명을 얻었습니다. 만일 사업이 계속 잘되었다면 제 영혼은 영영 하나님을 떠나고 말았을 것입니다. 비록 오늘 공장은 폐업하지만 신앙을 새롭게 개업하니 얼마나 감사한지요. 제 인생은 이제 오늘 예배로부터 새로운 시작입니다." 우리 인생에도 이런 전환점이 필요하다.

솔로몬은 전도서 1장에서 해 아래에 사는 인생은 "헛되고 헛되며 헛되고 헛되니 모든 것이 헛되다"라고 하였으며, 2장에서는 "나를 즐겁게 하는 모든 것도 헛되다"라고 하였다. 3장에선 "모든 것이 다 때가 있다"라고 하였으며, 4장에서는 "수고하는 것도 헛되고 왕이 되어도 헛되다"라고 고백하였다. 전도서 1~4장까지는 계속 인생의 허무가 깔려 있다.

그러다가 느닷없이 5장에서 해 위에 계신 하나님을 바라보고 예배에 대한 말씀을 시작한다. 이것은 솔로몬의 허무에 큰 전환점이 생긴 것이다. 눈에 보이는 이 세상만 바라보며 사는 사람에게 눈에 보이지 않던 하나님이 보이기 시작하면 인생에 큰 전환점이 생긴다. 전환점이란 살짝 변화만 주는 차원이 아니다. 지금까지 달려왔던 것과는 전혀 다른 쪽으로 완전히 방향을 바꾸어가는 지점이다. 인생에는 누구에게나 전환점이 찾아온다. 이 전환점은 하나님께서 우리에게 주시는 선물이자 기회이다.

신약성경에 나오는 사울은 유대인으로 태어나 율법을 열심히 공부하여 당대 최고의 석학인 가말리엘의 문하생까지 되었다. 그리하여 그는 유대인들의 꿈인 바리새인이 되었다. 그가 바리새인이 되어 하나님의 율법을 연구하고 전하며 사는데, 엉뚱하게 예수를 전하는 자들을 만나자 그들을 죽이는 데 앞장서게 되었다. 그는 스데반 집사를 돌로 쳐 죽이고, 다메섹에 예수를 믿는 자들이 있다는 소식을 듣고, 그들을 체포하기 위해 다메섹으로 향했다.

다메섹으로 가던 사울은 도상에서 예수님의 음성을 들었다. 그 순간 그의 눈은 멀게 되었다. 갑자기 아무것도 안 보이는 어둠의 세상으로 들어가게 된 것이다. 잘나가던 사울의 인생에 절체절명의 위기가 닥친 것이다. 그러나 그 위기가 바로 사울이 바울이 되는 인생의 전환점이었다. 그는 눈이 멀고서야 비로소 보이기 시작했다. 만약 바울의 인생에 이런 위기가 없었더라면 그는 이 땅의 성공만을 위해 살다가 허무한 인생으로 생을 마쳤을 것이다. 그러기에 우리의 인생에 나타나는 고난과 위기는 전환점이 될 수 있다. 우리 인생에서 깊은 허무를 느끼는 시기는 이 세상만을 위해 사는 시각을 영원한 땅을 향해 조절하게 해주는 전환점이 된다.

전환점은 마음속에 숨겨진 '영원'이라는 씨앗을 발견하게 해준다.

인생이란 우리 것이 아니다. 우리 삶은 처음부터 하나님의 것이었다. 그래서 인생은 내가 아니라 하나님이 크게 보이고, 나는 작게 보여야 한다. 당신이 아무리 위대한 인생을 살고 있다 해도 당신이 크게 보인다면 인생을 잘못 사는 것이다. 돈이 없거나 건강이 약한 것이 비극이 아니라 삶이 내 것인 줄 알고 나만을 위해 사는 게 비극이다. 세상의 성공이 우리 인생의 목표가 되면 안 된다. 그것이야말로 솔로몬이 헛되다고 말하는 허무를 향해 달려가는 인생인 것이다. 그런 사람은 죽기 전에 "인생을 헛살았다"고 후회할 것이다.

스스로 '나의 인생은 지금 바로 가고 있는가?'라고 질문하는 시간을 갖는 것이 전환점의 시작이다. 오늘 당신의 삶을 되돌아보고 전환점을 시작하기 바란다. 당신이 인생을 매일매일 살고 있지만 자기 자신이 크게 보이고 늘 자신이 관심사이면, 예수님을 믿어도 여전히 내가 주인인 말로만 "주여! 주여!" 하다 책망받는 그리스도인이 될 것이다. 내가 인생의 주인이었던 모든 삶을 정리하고 예수님이 주인 되는 인생을 살아야 진짜 인생을 사는 것이다.

솔로몬은 해 아래 사는 인생의 허무를 말하다가 해 위에 계신 하나님께 예배드림이 얼마나 중요한지 말하면서 인생의 깊은 허무에서 빠져나왔다. 그는 자신이 쓴 전도서를 읽는 모든 이에게 인생의 허무에서 빠져나오려면 하나님을 경외해야 함을 말하기 시작했다. 전도서에는 "하나님을 경외하라"는 말씀이 6번 등장하는데, 전도서 5장 7절이 하나님을 경외하라는 말씀의 첫 시작이다. "꿈이 많으면 헛된 일들이 많아지고 말이 많아도 그러하니 오직 너는 하나님을 경외할지니라"(전 5:7).

솔로몬 인생의 전환점은 '예배'였다.

"너는 하나님의 집에 들어갈 때에 네 발을 삼갈지어다. 가까이하여 말씀을 듣는 것이 우매한 자들이 제물 드리는 것보다 나으니 그들은 악을 행하면서도 깨닫지 못함이니라"(전 5:1). "너는 하나님의 집에 들어갈 때"라는 말은 참으로 중요한 주제이다. 이것은 예배를 뜻한다. 예배가 달라지면 모든 것이 달라진다. 예배가 살면 인생이 살아난다. 예배는 사람 몸의 심장과 같다. 아무리 건강해도 심장이 고장 나면 얼마 지나지 않아 죽게 된다. 마찬가지로 예배가 죽으면 모든 것이 죽게 된다.

다윗은 어떻게 베들레헴 들판에서 목동으로 있다가 왕이 되었을까? 그가 어떻게 해서 하나님의 눈에 주목받는 사람이 되었을까? 그는 목동으로 있든지 왕으로 있든지 항상 관심이 예배였기 때문이다. 다윗의 위대함은 무엇보다도 늘 예배가 살아 있었다는 것이다. 하나님은 지금도 하나님께 예배하는 자를 찾고 계신다.

"아버지께 참되게 예배하는 자들은 영과 진리로 예배할 때가
오나니 곧 이때라. 아버지께서는 자기에게 이렇게 예배하는 자
들을 찾으시느니라"(요 4:23).

우리는 왜 이 땅에 태어났나? 하나님께 기쁨을 드리기 위해 태어났다. 그러면 어떻게 하나님께 기쁨을 드릴 수 있나? 바로 예배이다.

하나님을 경배하고, 하나님을 사랑하며, 하나님을 찬양하는 것이다. 당신이 하나님을 기쁘시게 하는 것을 삶의 목적으로 삼을 때 삶은 완전히 달라진다. 하나님께 무엇을 받으려 하기보다 하나님께 드리는 삶을 살아야 한다. 당신의 삶이 자신을 기쁘게 하는 삶이 아니라 하나님을 기쁘시게 하는 삶으로 전환될 때 모든 것이 달라진다.

모세는 자기의 기분과 감정대로 살 때는 사람을 죽이고 광야로 쫓겨나 장인의 양만 치면서 지루한 인생을 살았다. 하지만 그가 하나님의 음성을 듣고 하나님을 기쁘시게 하는 삶을 살기 시작하자, 10가지 재앙, 홍해가 갈라지는 기적, 광야에서 매일 내리는 만나, 쓴 물이 단 물로 변하는 기적, 바위에서 터지는 생수 등 하루하루의 삶 자체가 기적이고 행복이었다. 하나님은 하나님을 기쁘시게 하는 일을 삶의 목표로 삼는 자에게 하나님의 모든 것을 다 부어주신다. 그러면 우리는 하나님을 기쁘시게 하는 그 중요한 예배를 어떻게 드려야 할까?

예배 중에는 하나님 말씀을 경청해야 한다

전도서 5장에선 예배에서 중요한 하나님의 말씀에 대해 언급하고 있다. "너는 하나님의 집에 들어갈 때에 네 발을 삼갈지어다. 가까이하여 말씀을 듣는 것이 우매한 자들이 제물 드리는 것보다 나으니 그들은 악을 행하면서도 깨닫지 못함이니라"(전 5:1).

"하나님의 집에 들어갈 때 발을 삼갈지어다"라는 말은 습관적으로, 무감각하게, 아무 생각 없이 성전에 들어가지 말라는 뜻이다. 성전에 들어가는 것에 대한 기대감을 품고, 하나님을 경외하는 마음으로 예배에 참석하라는 것이다. 그리고 예배드릴 때는 가까이에서 말씀을 들으라고 충고한다. 예배는 기대하는 마음을 가지고 무엇보다도 하나님의 말씀을 가까이에서 경청해야 한다. 허겁지겁 도착하여 뒷자리에서 겨우 억지로 드리는 수준으로 예배를 드려서는 안 된다. 우리는 예배드릴 때 항상 일찍 나와 앞자리에 앉아 하나님의 말씀을 경청하는 습관을 들여야 한다. 하나님께 가까이 다가가는 신앙이 되어야 한다.

그렇다면 하나님과 가까이하기 위해서는 어떻게 해야 하는가? 그 대답은 아주 단순하다. 그냥 하나님께 가까이 다가가면 된다. 그러면 하나님도 우리에게 다가오신다. "하나님을 가까이하라. 그리하면 너희를 가까이하시리라"(약 4:8). 당신이 하나님을 가까이하는 만큼 하나님과 가까워진다. 그러기 위해선 세상의 소음에 귀 기울이지 말고 하나님의 말씀에 귀를 기울여야 한다. 세상 소리는 우리 영혼에 소음이 되고 하나님의 음성은 우리 영혼에 양식이 된다. 하나님께서 귀히 쓰신 사람들의 공통점은 세상의 소리를 거절하고 하나님의 음성에 귀 기울였다는 점이다.

노아는 하나님의 음성을 듣고 방주를 지었다. 아브라함은 하나님의 음성을 듣고 본토 친척 아비 집을 떠나 믿음의 조상이 되었다. 모세는 하나님의 음성을 듣고 이스라엘 백성들을 출애굽시켰다. 기드온은 하나님의 음성을 듣고 큰 용사가 되었다. 사무엘은 하나님의 음성을 듣고 선지자 시대를 열었다. 다윗은 하나님의 음성을 듣고 시편을 기록하였다. 엘리야는 하나님의 음성을 듣고 갈멜산에서 850명의 이방 선지자를 죽였다. 사도 바울은 하나님의 음성을 듣고 바울서신 13권을 기록하였다.

그러기에 우리는 예배 중에 하나님의 음성을 들어야 한다. 성경은 예배 중에 하나님의 음성을 듣지 못하는 예배자를 우매한 자라고 말씀한다. "묵시가 없으면 백성이 방자히 행하거니와"(잠 29:18). 이 구절에서 '묵시'를 비전으로 많이 강해하고 있지만, 좀 더 깊이 해석하면 '하나님의 음성', '하나님의 계시'를 뜻한다. 즉 하나님의 음성이 없는 자는 그냥 물결에 떠내려가는 나뭇잎처럼 방자하게 인생을 아무렇게 살다가, 그냥 되는대로 살다가 죽음을 맞이하게 된다는 의미다.

당신에게는 하나님의 음성이 있는가? 그분 앞에 엎드려 조용히 하나님의 음성을 들으라. 예배 중에 하나님의 음성을 들으라. 하나님의 음성, 하나님의 말씀은 운동력 있고 살아 있다. 그래서 우리 마음에 감동과 도전과 열정을 부어준다.

영국의 프란시스 드레이크 경은 이런 기도문을 기록하였다. "주님 저희를 뒤흔드소서. 저희가 저희 자신에 대해 너무 지나치게 만족할 때, 저희가 너무 작은 꿈을 꾸었기에 그 꿈이 이루어질 때, 저희가 해변에서 너무 가까운 곳을 항해했기에 안전하게 도착할 때, 그럴 때 저희를 뒤흔드소서." 우리는 세상의 너무 작은 꿈에 만족하면 안 된다.

오늘 하나님의 음성이 당신의 인생에 깊이 들어와 세상에 취한 인생을 뒤흔드는 일이 일어나야 한다. 교회에서 말을 많이 하려고 하기보다 하나님의 음성을 많이 듣고자 노력하는 신앙이 되어야 한다.

"너는 하나님 앞에서 함부로 입을 열지 말며 급한 마음으로 말을 내지 말라. 하나님은 하늘에 계시고 너는 땅에 있음이니라. 그런즉 마땅히 말을 적게 할 것이라"(전 5:2).

우리가 하나님의 음성을 들어야 내 속에 있는 영이 산다. 교회 안에는 자기 말만 많이 하고, 하나님의 음성을 듣지 못하여 죽어가는 심령이 가득하다. 오늘 지금 즉시 기도하라. "주여 말씀하옵소서. 종이 듣겠나이다." 이것은 사무엘이 어린 시절 하나님의 음성을 듣기 직전에 한 기도이다. 사무엘은 하나님의 음성을 들은 후 모든 것이 달라졌다. 당신은 교회에 그저 건성으로 왔다 갔다만 하지 말고, 지금 당신에게 말씀하시는 하나님의 음성을 듣기 바란다. 하나님의 음성을 들으면 모든 평범함이 사라진다. 하나님의 음성을 들으면 인생의 방황도 공허함도 목마름도 다 사라지게 된다.

특히 예배 중에 집중하여 하나님의 음성을 듣기 바란다. 초대교회 교인들은 예배 중에 설교 말씀을 하나님의 음성으로 들었다. "이러므로 우리가 하나님께 끊임없이 감사함은 너희가 우리에게 들은바 하나님의 말씀을 받을 때에 사람의 말로 받지 아니하고 하나님의 말씀으로 받음이니 진실로 그러하도다. 이 말씀이 또한 너희 믿는 자 가운데에서 역사하느니라"(살전 2:13). 당신이 예배 중에 하나님을 경외하는 마음으로 설교 말씀을 경청한다면 당신의 삶은 완전히 달라질 것이다.

행동으로 옮기는 삶의 예배를 드려야 한다

예배는 우리 삶의 일부분이 아니다. 삶 자체가 다 예배가 되어야 한다. 사도 바울은 로마서에서 믿음으로 구원받은 성도는 삶의 예배를 드려야 함을 강조하였다.

> "그러므로 형제들아 내가 하나님의 모든 자비하심으로 너희를 권하노니 너희 몸을 하나님이 기뻐하시는 거룩한 산 제물로 드리라. 이는 너희가 드릴 영적 예배니라"(롬 12:1).

예배는 삶의 예배가 될 때 진짜 예배가 된다. 우리 몸이 예배로 드려져야 한다. 이 말은 우리의 24시간 일상생활 자체가 모두 예배가 되어야 한다는 뜻이다. 말씀을 듣기만 하고 행동으로 나타내지 않는다면 그 말씀은 죽은 씨앗이다. 씨앗을 뿌리면 싹이 나고 열매를 맺는 것이 마땅하다. 그러나 말씀을 듣기만 하고 행하지 않으면 싹이 나지 않고 열매를 맺지 못한다. 이런 믿음을 보고 야고보 사도는 '죽은 믿음'이라고 말하였다. "이와 같이 행함이 없는 믿음은 그 자체가 죽은 것이라"(약 2:17).

우리는 말씀을 들으면 결단하게 된다. 그 결단은 일종의 '서원'이다. 그리고 서원을 했으면 실천해야 한다. "네가 하나님께 서원하였거든 갚기를 더디게 하지 말라. 하나님은 우매한 자들을 기뻐하지 아니하시나니 서원한 것을 갚으라. 서원하고 갚지 아니하는 것보다 서원하지 아니하는 것이 더 나으니"(전 5:4-5). 이 말씀은 서원하지 말라는 뜻이 아니라 서원했으면 지키라는 의미다. 하나님의 말씀을 듣고 마음에 결심했으면 행동으로 드러나야 한다. 예배가 무엇인가? 하나님을 경외하는 것이다. 경외는 두렵고 떨림으로 하나님을 사랑하는 것이다. 하나님을 경외한다면 당연히 하나님과 약속한 것을 온전히 지켜야 한다.

미국의 지미 카터는 대통령이 되었어도 주일학교 교사를 계속하였다. 평생 주일학교 교사로 섬기겠다는 하나님과의 약속 때문이었다. 대통령이 되었으니 주일학교 교사를 잠시 쉬는 것은 누구나 이해해줄 것이다. 그러나 그는 하나님과의 약속을 목숨보다 귀하게 여겼다. 그 결과 그는 대통령 재임 시에는 별로 인기가 없었지만 대통령직을 마친 후에는 미국에서 가장 존경받고 인기 있는 전직 대통령이 되었다. 그러기에 우리는 인생을 사람 앞에서 살지 말고 하나님 앞에서 살아야 한다. 그러면 하나님께서 우리의 삶을 높여주실 것이다.

솔로몬은 누구보다도 부유한 사람이었다. 그런 그에게 하나님은 서원한 것을 갚으라고 말씀하신다. 갚는 것은 돈을 말한다. 그는 돈에 한이 맺힌 사람이 아니다. 그는 돈에는 아무런 염려가 없었던 사람이다. 그런데 하나님은 솔로몬이 하나님을 경외한다면 돈에 대한 서원을 꼭 지키라고 말씀하고 계신다. 왜 그런가? 솔로몬이 하나님께 드리는 삶으로 엄청난 부를 체험했기 때문이다. 삶의 예배에는 '시간'과 '물질'이 아주 중요한 부분을 차지한다. 그러기에 우리는 주일 예배를 철저히 지킴과 동시에 온전한 십일조를 바쳐야 한다. 하나님과 약속한 것이 있다면 반드시 그 약속을 지켜야 한다. 그렇지 않으면 우리의 모든 수고는 헛되고 만다.

"네 입으로 네 육체가 범죄하게 하지 말라. 천사 앞에서 내가 서원한 것이 실수라고 말하지 말라. 어찌 하나님께서 네 목소리로 말미암아 진노하사 네 손으로 한 것을 멸하시게 하랴"(전 5:6). 무슨 말씀인가? 약속한 것을 지키지 않으면 모든 것을 멸하시겠다는 뜻이다. 사도행전 5장에 나오는 아나니아와 삽비라 부부의 죽음을 알 것이다. 하나님과의 약속을 우습게 여길 때 하나님께서 그들의 호흡을 거두어 가셨다.

예배의 결론이 무엇인가? 전도서 5장 7절에 잘 나와 있다. "꿈이 많으면 헛된 일들이 많아지고 말이 많아도 그러하니 오직 너는 하나님을 경외할지니라." 하나님을 경외하는 것이 예배의 결론이다. 당신이 하나님을 경외한다면 약속한 것을 지켜야 한다. 매 순간 하나님을 경외하는 마음으로 사는 것이 삶의 예배이다. 해 뜰 때부터 해 질 때까지 하나님을 의식하고 하나님 앞에서 살아야 한다. 누구를 만나든지 주님을 대하듯 사랑으로 섬겨야 한다. "무슨 일을 하든지 마음을 다하여 주께 하듯 하고 사람에게 하듯 하지 말라"(골 3:23). 그리고 먹든지 마시든지 다 하나님을 의식하고 행동해야 한다. "그런즉 너희가 먹든지 마시든지 무엇을 하든지 다 하나님의 영광을 위하여 하라"(고전 10:31).

하나님을 경외하는 자에게는 하나님의 특별한 은혜가 부어진다.

"그는 자기를 경외하는 자들의 소원을 이루시며 또 그들의 부르짖음을 들으사 구원하시리로다"(시 145:19). 한나는 아들을 달라고 기도하면서 만약 아들을 주시면 하나님께 드리겠다고 서원했다. 하나님은 그 기도를 들으시고 아들을 주셨다. 한나는 아들을 바치겠다는 약속을 지켰다. 이것이 하나님을 경외하는 삶이다. 인간의 눈으로 보면 그 약속을 지키는 것이 어리석은 일처럼 보인다. 남편이 반대했을지도 모른다. 한나도 괜한 서원을 했다고 생각했을 것이다. 아들을 맡길 엘리 제사장의 영성을 보니 형편없었다.

그러나 한나는 약속을 지켰다. 그 결과 그녀는 세 아들과 두 딸을 더 낳는 복을 얻었고, 하나님께 바친 아들 사무엘은 나라를 세우는 위대한 선지자가 되었다. 만약 한나가 사무엘을 그냥 그녀의 품에 두고 키웠더라면 선지자가 되지 못했을 것이다. 사무엘은 왕보다 높은 위치에 서서 이스라엘의 첫 왕인 사울과 두 번째 왕인 다윗에게 기름을 붓는 자가 되었다. 한나는 하나님과의 약속을 지킴으로써 하나님을 경외했다. 하나님은 하나님을 경외하는 자에게 은혜를 베푸신다.

> "너희 성도들아 여호와를 경외하라. 그를 경외하는 자에게는
> 부족함이 없도다"(시 34:9).
> "이는 하늘이 땅에서 높음같이 그를 경외하는 자에게 그의 인
> 자하심이 크심이로다"(시 103:11).

하나님과의 약속을 지킴으로써 하나님을 경외하라. 인생이란 하나님을 경외하는 삶에 대한 끝없는 테스트이다.

창세기에 나오는 요셉이 가는 곳마다 복을 받았던 일을 기억하는가? 그는 애굽에 팔려가 시위대장 보디발의 집에 가게 되었다. 그가 맡은 땅은 농작물이 잘되었다. 그것을 본 보디발은 요셉을 가정총무로 삼았고, 보디발의 집에는 더 큰 복이 임했다. 그가 보디발 아내의 모함으로 감옥에 들어갔을 때도 사람들은 그에게 도움을 구했다. 그리고 생각지도 못한 때에 기회가 와서 순식간에 애굽의 총리가 되었다.

어떻게 요셉은 하는 일마다 잘되었을까? 애굽에 식량을 구하러 온 형제들에게 요셉이 하는 말에서 답을 찾을 수 있다. "사흘 만에 요셉이 그들에게 이르되 나는 하나님을 경외하노니 너희는 이같이 하여 생명을 보전하라"(창 42:18). 요셉은 자신을 소개할 때 하나님을 경외하는 자라고 하였다. 요셉의 좌우명이 있다면 그것은 하나님을 경외

하는 것이었다. 하나님을 경외하라. 감옥에 들어가도 잘될 것이다. 무슨 사업을 해도 생각지 못한 기회가 올 것이다. 생각지 않은 복이 쏟아질 것이다. "높은 사람이나 낮은 사람을 막론하고 여호와를 경외하는 자들에게 복을 주시리로다"(시 115:13).

당신이 사람들에게 집중받지 못해도 좋다. 하나님께 집중받는 사람이 되면 된다. 그 비결은 바로 삶이 예배가 되게 하는 것이다. 삶의 예배를 드리는 그 사람을 하나님은 들어쓰신다. 그 사람에게 하나님의 성령을 부어주신다.

19세기의 가장 훌륭한 전도자로 존경받는 무디 목사에게는 헤네드 발네이 목사의 말씀이 삶의 큰 전환점이 되었다.

"이 세계는 지금도 하나님께서 하나님께 온전히 전적으로 헌신한 사람으로 더불어 그를 위해서, 그를 통하여, 그의 안에서 어떠한 일을 하실 수 있는가를 기다리고 있습니다. 다시 말하면 하나님은 지금도 하나님께 온전히 헌신하는 사람만 있으면 그를 통해서 지금까지 나타내지 않았던 더 큰일을 하실 수 있다는 말입니다."

이 말씀을 듣고 무디는 바로 생각했다. '온전히 헌신하는 사람이란 반드시 공부를 많이 해야 한다는 말도 아니고 반드시 재주가 있어야 한다는 말도 아니다.'

무디는 마음속으로 자신은 특별히 뛰어난 재주가 있는 것도 아니고, 특별히 공부를 많이 한 사람도 아니지만 온전히 하나님 앞에 헌신하겠다고 결심했다. 그리고 그 자리에서 하나님 앞에 온전히 몸을 바쳤다. 바치고 나니 너무 기뻐서 눈물이 비 오듯 했고 성령이 부어졌다. 그 후 무디는 하나님께 놀랍게 쓰임받았다. 그가 가는 곳마다 놀라운 부흥이 일어났다. 무디는 이런 말을 남겼다. "나에게 하나님을 두려워하는 10명의 사람을 주시오 세상을 바꾸겠습니다." 당신이 무디가 찾는 하나님을 경외하는 그 열 번째 사람이 되는 것은 어떨까?

솔로몬은 다윗의 아들로서 자신이 그토록 많은 부귀영화를 누리고도 인생의 허무를 말하고 있는 이유가 무엇인지 살펴보다가 문득 아버지 다윗의 유언이 생각났다. "내 아들 솔로몬아 너는 네 아버지의 하나님을 알고 온전한 마음과 기쁜 뜻으로 섬길지어다. 여호와께서는 모든 마음을 감찰하사 모든 의도를 아시나니 네가 만일 그를 찾으면 만날 것이요 만일 네가 그를 버리면 그가 너를 영원히 버리시리라"(대상 28:9).

솔로몬은 인생의 실패 원인이 바로 예배의 실패임을 깨달았다. 그는 왕이 되자마자 일천 번제의 예배를 드림으로 하나님께 주목을 받았고, 그 결과 하늘로부터 내려오는 지혜를 받았다. 그는 누구보다도 예배를 통해 큰 복을 받은 자였다. 그런데 그 예배를 소홀히 하고 삶의 예배에 실패해서, 지금 인생 말년에 큰 후회와 함께 예배의 중요성을 말하고 있는 것이다.

그러기에 우리 또한 예배의 회복을 통해 삶이 회복되어야 한다.

예배가 살아야 잠자던 심장이 다시 고동치게 된다. 예배의 태도를 바꾸면 삶의 전환점이 시작된다. 예배 중에 하나님의 말씀을 경청하라. 그리고 그 말씀대로 살아서 당신의 삶 자체가 전부 예배가 되게 하라. 교회생활에서도 사람을 의식하지 말고, 회사생활에서도 사람을 의식하지 말며, 오직 하나님 앞에 예배드리듯 살라. 놀라운 은혜가 부어질 것이다.

당신이 오늘을 전환점으로 삼고 하나님을 경외하며 살 때 눈부신 미래가 나타날 것이다. 역사는 예수님이 오시기 전인 B.C.(Before Christ)와 예수님이 오신 이후인 A.D.(Anno Domini)로 구분된다. 이처럼 오늘이 당신 인생에 중요한 분기점이 되기 바란다. 이 세상만을 위해 살지 말고, 오늘부터 영원한 천국을 향해 산다면 전환점이 될 것이다. 사람들의 눈을 의식하며 살다가 오늘부터 하나님만 의식하며 산다면, 인생을 새롭게 사는 전환점이 될 것이다. 오늘을 새롭게 출발하는 전환점으로 삼으라. 삶이 달라질 것이다. 당신의 미래가 달라질 것이다.

>>> 솔로몬의 인생 수업 5

인생의 전환점은 예배이다. 예배가 살면 모든 것이 살아난다. 그러면 예배를 어떻게 드려야 하는가?

1. 예배 중에는 하나님의 말씀을 경청해야 한다.
   초대교회 교인들은 설교를 하나님의 음성으로 들었다.

2. 예배는 삶의 예배를 드려야 한다.
   삶의 예배를 드린다는 말은 하나님의 말씀을 들은 대로 사는 것을 뜻한다. 이것을 성경은 '하나님을 경외' 하는 것으로 표현한다. 하나님을 경외하는 자는 모든 것이 새롭게 된다.

- Part 2 -

허무하지 않는
삶을 위한
인생 수업

인 생 수 업 01

값진 인생을 사는 비결을 배우라

인생은 한 번밖에 살지 않기에 정말 지혜롭게 살아야 한다. 자칫하면 잘못된 길로 평생을 살다가 죽을 때 후회하게 된다. 수많은 사람이 죽을 때 인생을 후회한다. 그러나 하나님의 사람인 우리는 후회하지 않는 값진 인생을 살아야 한다. 그렇다면 어떻게 살면 후회하지 않는 값진 인생이 될까? 우리는 그 답을 전도서 7장에서 찾을 수 있다.

전도서는 크게 2부로 나누어져 있다. 1부는 1~6장으로 인생의 허무를 말하고 있고, 2부는 7~12장으로 인생이 허무하지 않길 원하는 사람들을 위한 충고로 되어 있다. 전도서 1~6장은 온갖 종류의 허무를 말한다. 지혜의 허무함, 즐거움의 허무함, 수고의 허무함, 재물의 허무함, 부귀의 허무함 등. 우리가 어떻게 이런 허무한 인생을 뛰어넘어서 값진 인생을 살 수 있는지 지금부터 차근차근 풀어보자.

오늘을 최고의 날이 되게 하라

　　　　전도서 7장 1~4절을 보자. "좋은 이름이 좋은 기름보다 낫고 죽는 날이 출생하는 날보다 나으며 초상집에 가는 것이 잔칫집에 가는 것보다 나으니 모든 사람의 끝이 이와 같이 됨이라. 산 자는 이것을 그의 마음에 둘지어다. 슬픔이 웃음보다 나음은 얼굴에 근심하는 것이 마음에 유익하기 때문이니라. 지혜자의 마음은 초상집에 있으되 우매한 자의 마음은 혼인집에 있느니라." 여기 1절에서 "좋은 이름이 좋은 기름보다 낫고"라는 말에 나오는 '좋은 기름'은 솔로몬 당시 감람유나 비싼 향유를 말한다. 좋은 기름은 재산이다. 솔로몬은 재산보다 이름이 낫다고 생각했다. 이름은 그 사람의 인격과 영향력과 평판을 뜻한다.

　그리고 "죽는 날이 출생하는 날보다 나으며"라는 말은 2절에 나오는 말씀과 연결된다. 2절에서 "초상집에 가는 것이 잔칫집에 가는 것보다 낫다"는 말은 잔치에 흥이 겨워 세월을 낭비하지 말고, 나도 곧 죽을 것임을 알고 인생을 진지하게 살라는 뜻이다. 3절에 "슬픔이 웃음보다 낫다"는 말은 2절에 연결된다. 슬픔은 초상집의 슬픔을 말하고 웃음은 잔칫집의 웃음을 말한다. 그러니 3절도 인생을 진지하게 살라는 뜻이다.

4절에서 "지혜로운 자의 마음은 초상집에 있고 우매한 자의 마음은 혼인집에 있다"는 말은 지혜로운 자는 인생이 곧 끝난다는 것을 알고 죽음을 대비해서 진지하게 인생을 살 것이고, 어리석은 자는 그저 내일은 어떻게 되든지 지금 즐거운 것만 찾는다는 뜻이다. 우리는 1~4절에서 하루하루를 진지하게 살라는 메시지를 발견할 수 있다.

오늘이라는 하루는 하나님께서 우리에게 주신 최고의 보너스이자 최고의 선물이다. 회사에서 보너스를 받아도 기뻐하는데 하루라는 오늘을 주셨으니 감격해야 하지 않겠는가? 우리에게 하루가 주어졌다는 것은 행복이고 희망이자 복이다. 그 소중한 하루를 잔칫집에서 술이나 먹고 의미 없는 노래나 부르며 낭비할 수는 없다.

하버드대학교 도서관에 가면 많은 글이 붙어 있는데, 그중에 하나가 "내가 헛되이 보낸 오늘은 어제 죽은 이가 그토록 갈망하던 내일이다"라는 문구이다. 맞다. 오늘이라는 하루는 어제 죽어가던 이가 그토록 살고 싶어 했던 소중한 하루이다. 우리는 재산을 모으기 위해 사는 것이 아니라 좋은 인품, 좋은 평판을 위해 살아야 한다. 돈은 하루아침에 벌 수도 있지만 인품과 평판은 결코 하루아침에 형성되지 않는다. 매일을 진지하게 살 때만 그것이 가능하다.

베드로는 예수님을 만난 후 삶이 달라졌다. 그는 예수님을 만나기 전에는 고기를 많이 잡으면 행복해지고, 고기를 적게 잡으면 시무룩해지는 평범한 인생을 살았다. 그런데 예수님을 만난 후 인생이 나그

네 인생임을 알았고, 하루하루를 두렵고 떨림으로 살아야 함을 깨달았다. "너희가 나그네로 있을 때를 두려움으로 지내라"(벧전 1:17). 여기서 하루를 두려움으로 산다는 것은 진지하게 산다는 뜻이고, 진지하게 산다는 것은 항상 오늘이 자신 인생의 최고의 날이 되도록 산다는 의미다. 그러기에 우리는 매일 아침 눈을 뜨면 감사와 함께 최고의 날이 되게 살아야 한다.

스티브 잡스는 미혼모의 아들로 태어나 버려지고 가난한 노동자 부부에게 입양되어 경제적으로 어려운 성장과정을 보냈다. 경제적 압박으로 대학교도 중퇴했다. 그러나 그는 자신이 17세 때 읽었던 한 글귀를 기억했다. "만일 당신이 매일을 삶의 마지막 날처럼 산다면 어느 날 위인이 되어 있을 것이다."

그는 자신이 어떤 처지에 있든지 오늘을 마지막 날처럼 살기 시작했고, 정말 어느 날 세상에 큰 영향력을 주는 인물이 되어 있었다. 조금만 어려운 일이 생기면 과거가 좋았다는 말을 하는 사람이 있다. 이런 사람은 우매한 사람이다. "옛날이 오늘보다 나은 것이 어찜이냐 하지 말라. 이렇게 묻는 것은 지혜가 아니니라"(전 7:10).

어리석은 사람은 어제를 말하고, 지혜로운 사람은 오늘을 산다. 할 수만 있다면 옛날 일을 꺼내지 말고, 오늘을 최고의 날로 만들라. 옛날 얘기를 하는 것은 어리석은 짓이다. 과거는 바꿀 수 없다. 과거의 거미줄에 휩싸여 현실로 나오지 못하는 바보가 되지 말라. 옛날이 좋았다고 말하지 말고, 오늘을 소중히 여겨 새로운 도전을 하라. 가족끼리 하는 대화 중에도 옛날이 행복했다고 말하지 말고, 오늘이 행복하다고 말하라. 직장인은 옛날 직장이 좋았다고 말하지 말고, 지금 직장이 행복하다고 말하라. 교인은 옛날 교회가 좋았다고 말하지 말고, 지금 다니는 교회가 행복하다고 말하라.

오늘이 주는 행복에 손을 내밀라. 오늘 기쁨을 창조하라. 오늘이라는 하루는 하나님이 주신 최고의 선물이다. 오늘 행복하지 않으면 내일 행복할 수 없다. 오늘이라는 행복은 오늘이 지나면 영원히 사라진다. 오늘을 거룩하게 살라. 오늘을 탁월하게 살라. 오늘을 최고의 날이 되게 하라. 오늘을 내 인생 최고의 날로 만들라.

미국의 유명한 목회자이자 18세기 대각성운동의 주역이었던 조나단 에드워드를 기억하는가? 그는 나이 20세가 되기 직전에 〈조나단 에드워드의 결심문 70개 조항〉을 기록하고, 그 결심대로 살기 시작하였다. 그는 매일 하루하루를 인생의 마지막 날처럼 살았다. 그중에 주요 조항을 소개한다면,

- 나의 전 생애 동안 하나님의 영광에 도움이 되는 것이면 무엇이든지 하자.
- 한순간의 시간도 절대로 낭비하지 말고, 그 시간을 가능한 한 최대로 유익하게 사용하자.
- 내가 살아 있는 동안 힘껏 살자.

- 만일 내 생애의 최후 순간이라고 가정했을 때 하기 꺼려지는 일이면 절대로 하지 말자.
- 매사에 나의 죽음과 죽고 난 뒤에 무슨 일이 일어날지에 대해서 많이 생각하자.
- 고통스러울 때는 순교의 고통과 지옥의 고통을 생각하자.
- 만일 내가 교만이나 허영이나 이런 것을 만족시키기 위해서 어떤 것을 좋아하고 있다면 즉시로 그런 것을 버리자.
- 도움과 사랑을 꼭 받아야 할 사람이 누구인지를 찾기 위해 노력하자.
- 절대로 복수심을 가지고 어떤 일을 하지 말자.
- 비이성적인 인간에게는 아무리 사소한 화라도 내지 말자.
- 절대로 다른 사람을 비방하지 말자.
- 내가 죽게 되었을 때 '그 일을 했으면 좋았을 텐데' 하고 바라는 것처럼 그렇게 살자.
- 다른 사람이 하는 행동 가운데 내가 판단하거나 생각하기에 경멸받을 만한 행동이나 비열한 행동이라고 생각되는 일은 절대로 하지 말자.
- 오늘부터 죽을 때까지 내 인생이 나의 것인 양 행동하지 말고 전적으로, 그리고 완전히 하나님의 것인 양 행동하자.
- 대화를 나눌 때 불쾌하거나 초조하거나 화난 표정을 짓지 말고, 사랑스럽고 즐거우며 친절한 모습을 보이도록 하자.

- 매일, 매주, 매달, 매해의 마지막에 어떤 면에서 더 낫게 행동
  할 수 있었는데 그렇지 못했던 것이 있었는지에 대해서 자문
  해보자.
- 신앙에 도움 되는 것이 아니면 그 어떤 것에도 절대로 쾌락이
  나 고통, 기쁨이나 슬픔 등을 느끼지 말자.
- 나쁜 성질과 분노가 가장 많이 치밀어 오르려고 할 때 가장 많
  이 노력해서 좋은 성격이 드러나도록 행동하자.
- 다른 사람이 하는 것을 볼 때 나도 저렇게 했으면 하는 것을
  항상 행하도록 하자.
- 내가 하는 모든 말이 다른 사람에게 유익이 되도록 하자.

이렇게 매일 인생의 마지막 날인 것처럼 생각하며 살았던 조나단
에드워드는 미국 전역에 대각성운동을 일으킨 정말 위대한 인생을 살
았다. 영성은 하루아침에 형성되는 것이 아니다. 하루하루가 중요하
다. 조나단 에드워드의 영향을 받은 조나단 에드워드의 자녀들은 대
부분 한 시대를 이끄는 영적 거장이 되었다. 오늘 하루의 선택이 당신
가정이 가는 방향을 결정해준다. 인생은 정말 빨리 지나간다. 인생의
짧음을 알고 헛된 것이나 천박한 웃음에 마음을 빼앗겨 인생을 낭비
해서는 안 된다. 오늘, 최선을 다해 살자. 오늘을 최고의 날로 만들자.
그것이 가장 값진 인생을 만드는 비결이다.

인생의 끝을 생각하며 살자

"지혜로운 사람의 책망을 듣는 것이 우매한 자들의 노래를 듣는 것보다 나으니라. 우매한 자들의 웃음소리는 솥 밑에서 가시나무가 타는 소리 같으니 이것도 헛되니라. 탐욕이 지혜자를 우매하게 하고 뇌물이 사람의 명철을 망하게 하느니라. 일의 끝이 시작보다 낫고 참는 마음이 교만한 마음보다 나으니"(전 7:5-8).

지혜로운 사람은 내일을 위해 책망듣는 것을 선호한다. 지혜로운 사람은 자신의 부족을 고치려고 한다. 그래서 그는 인생을 유익하게 보내는 조언을 듣는 것을 좋아한다. 그러나 어리석은 자는 책망보다 아첨하는 소리를 좋아한다. 아첨하는 말은 솥 밑에서 가시나무가 탈 때 나는 소리처럼 소리만 요란하지 솥에 있는 물 한 컵도 끓일 수 없다. 당신에게 조언해주는 사람이 있는가? 참 지혜로운 일이다. 특히 부모님의 조언을 잔소리로 듣지 않고 경청하는 겸손이 필요하다. 오늘 솔로몬의 말씀이 당신의 인생에 좋은 조언이 될 것이다.

우리는 인생의 끝을 생각하며 살아야 한다. 솔로몬은 "일의 끝이 시작보다 낫다"고 말한다. 이 말은 인생의 끝이 가장 중요하다는 뜻이다. 당신 인생의 끝은 어떻게 될까? 오늘은 어제의 결과이고, 내일은 오늘의 결과이며, 모래는 내일의 결과이다. 결국 인생은 오늘 어떻게 살았느냐에 따라 끝이 결정된다. 삶은 아무렇게 살다가 허겁지겁 끝내면 안 된다. "우물쭈물하다 내 이럴 줄 알았다." 우스꽝스러운 이

문장은 영국의 작가이자 비평가, 사회주의 선전문학가 등 여러 방면에서 활발히 활동했던 조지 버나드 쇼의 묘비명이다. 세상에서 유명해지는 게 중요한 일이 아니다. 자칫 잘못하면 버나드 쇼처럼 우물쭈물하다가 인생이 끝날 수 있다. 우리는 매일 무엇을 선택할 때마다 내가 하나님 앞에 어떻게 설까 고민하며 살아야 한다.

인생은 그저 때가 되면 죽겠지 하며 살면 절대로 안 된다. 커피 한잔을 사도 계산을 하는데, 우리의 소중한 인생을 마치는 날 계산하지 않겠는가? 인생은 내 것이 아니다. 하나님의 것이다. 하나님은 우리의 인생을 반드시 결산하신다. 하나님은 사람마다 다르게 달란트를 주셨다. 어떤 사람에게는 한 달란트, 어떤 사람에게는 두 달란트, 어떤 사람에게는 다섯 달란트를 주셨다. 우리 인생의 주인이신 하나님은 우리에게 주신 달란트를 반드시 결산하신다. 그때 우리는 "이런 날이 올 줄 몰랐습니다"라고 변명해도 소용이 없다. 병상에서 죽어가는 중에 "목사님, 제 인생이 이렇게 끝날 줄 몰랐습니다. 이럴 줄 알았으면 복음을 위해 살았을 텐데요" 하며 후회하는 사람이 너무나 많다. 많은 사람이 죽을 때 하나님을 위해 더 살지 못한 일을 후회한다.

"내일 일을 너희가 알지 못하는도다. 너희 생명이 무엇이냐. 너희는 잠깐 보이다가 없어지는 안개니라"(약 4:14).

우리 인생은 금방 사라져버리는 안개처럼 순식간에 끝난다. 우리에게 죽음은 갑작스럽게 다가온다. 많은 사람이 자신은 구십이나 백 살쯤에 죽을 것이라고 막연히 생각한다. 큰 착각이다. 당신이 스무 살인가? 스무 살의 무덤도 가득하다. 당신이 마흔 살인가? 마흔 살의 무덤도 가득하다. 하나님이 부르시면 언제든지 지금 하던 모든 일을 중단하고 떠나야 하는 유약한 존재이다.

그러기에 우리는 삶의 끝을 생각하며 살아야 한다. 그것이 값진 인생을 사는 비결이다. 다시 말하면 곧 죽어 하나님의 심판대 앞에 설 일을 생각하며 살라는 것이다. 우리는 죽음을 생각하면 우울해진다. 그러나 죽음을 생각하지 않고 사는 것은 정말 멍청한 일이다. 오늘 죽는다고 해도 가치 있는 것을 위해 살아야 한다. 오늘 죽는다고 해도 후회하지 않도록 가족을 사랑하며 살아야 한다. 오늘 죽을 것처럼 주위 사람들을 한 번 더 따뜻하게 안아주고, 한 번 더 따뜻하게 손을 잡아주어야 한다. 이것이 남아 있는 자들을 위해 하는 일이고, 오늘 죽어도 하나님 앞에 서는 것을 준비하며 사는 것이다. 오늘 죽어도 당당히 하나님 앞에 설 수 있도록 거룩하게 살라.

삶의 동기가 돈이나 성공이나 원수를 갚는 복수가 되어서는 안 된다. 그것은 하나님 앞에 설 때 책망받게 될 것이다. 당신 삶의 동기가 하나님을 기쁘시게 하는 일이 되어야 한다. 그것이 하나님 앞에 서는 날을 생각하며 사는 지혜로운 삶이다. 삶의 목표가 이 세상이 아니라 하나님 앞에 서는 영원한 삶이 되어야 한다. 그것이 성경이 말하는 최고의 지혜이다.

한번은 우리 교회 철야예배에 모로코에서 사역하는 선교사님이 와서 설교했다. 그는 외국어대 아랍어과를 졸업하고 신학대학원을 마친 후 목사가 되어 모로코 선교사로 파송되었다. 그는 모로코에 5년을 있으면서 공부하며 복음을 전했다. 모로코는 아랍권이기에 99%가 모슬렘이고 자유롭게 복음을 전할 수도 믿을 수도 없는 곳이다. 선교사님은 그곳에서 몇 가정에 복음을 전하며 지내고 있었다.

그는 설교 중에 자신이 두 번 찾아간 암 환자를 소개했다. 세 번째 찾아갈 때는 복음을 전하겠노라고 결심하고 약속 날짜를 잡았다. 그런데 하필 그날 학교시험이 있어서 다음 기회에 가야지 하고 미루고 학교에 갔는데, 그다음 날 암 환자의 조카에게서 전화가 왔다. 자신의 고모가 어제 오후에 죽었다고…. 그날은 자신이 찾아가기로 한 날이었다. 그는 설교 중에 눈물을 훔치면서 이렇게 말했다. "복음을 전하는 일에는 다음이 없습니다. 다음이 없습니다. 저는 이 일을 생각하면 하나님께 너무 죄송하고 그분에게도 너무 죄송합니다." 우리가 매일 하나님 앞에 설 때를 생각한다면 복음을 위해 사는 일을 미루지 않을 것이다.

인생에는 돈을 버는 것보다 중요한 일이 있다.
인생에는 성공하는 것보다 중요한 일이 있다.
그것은 하나님 앞에 서는 것을 준비하는 일이다.

스티브 잡스가 오늘이라는 하루를 최선을 다해 살아서 세상에서는 성공했지만, 그는 인생이 끝난 후 하나님 앞에 선다는 사실을 몰랐다. 그것이 그의 비극이었다. 세상에서는 성공했는데 하나님을 위해 산 것이 아무것도 없다면 그의 인생은 'Nothing'이다. 당신이 세상에서 성공하지 않아도 된다. 그러나 당신의 인생이 끝나는 날 하나님 앞에 섰을 때 '착하고 충성된 종'이라는 말을 들어야 한다. 이 세상만을 위해 산 사람은 하나님 앞에 가면 '악하고 게으른 종'이라는 책망을 들을 것이다.

예수님을 믿는 것만으로 안 된다. 교회에 다니는 것만으로도 안 된다. 인생은 정말 곧 끝난다. 순식간에 사라진다. 쏜 화살처럼 빨리 지나간다. 세상의 모든 것은 아침에 피었다 지는 풀처럼 시들어버린다. 세상의 모든 것은 꿈처럼 곧 사라진다. 어젯밤 꿈에 왕이 된들 무슨 소용이 있나? 꿈인데. 우리는 꿈의 허상을 알아야 한다. 마찬가지로 이 세상의 허상을 알아야 한다. 꿈이 곧 깨듯 우리의 인생은 끝이 나고 하나님 앞에 서게 될 것이다. 그러기에 세상에 빼앗긴 시선을 하나님께로 돌려야 한다.

매 순간 무엇을 결정하든지 하나님 앞에 서게 될 날을 생각하며 살아야 한다. 당신이 하나님 앞에 서는 날 하나님은 물으실 것이다. "너는 내 집인 교회를 위해 무엇을 하였느냐?" 예수님도 물으실 것이다. "너는 내 몸인 교회를 위해 무슨 섬김을 하였느냐?" 아무리 시간이 없어도 셀 리더, 교회학교 교사, 성가대, 교회 봉사를 하자. 가치 있는 일이다. 하나님은 물으실 것이다. "너는 네가 직접 전도한 사람이 몇 명이냐?" 아무리 시간이 없어도 복음을 전하자. 가치 있는 일이다. 아무리 시간이 없어도 억지로라도 하나님이 기뻐하시는 일을 하자. 참 잘한 일이다.

2008년에 개봉된 〈버킷리스트〉라는 영화가 있다. 자동차 정비공과 재벌이 병원에서 만나 죽기 전에 꼭 하고 싶은 일을 하자고 해서 같이 병원에서 탈출하여 그 하고 싶은 일을 하다가 생을 마치는 이야기다. 세상 사람들은 참 좋은 영화라고 칭찬하였다. 만약 인생이 끝나고 하나님 앞에 서지 않는다고 하면 자기가 하고 싶은 일을 다 하고 죽는 것이 맞는 것 같다.

그러나 인생이 끝난 후 하나님 앞에 서야 한다면 상황은 완전히 달라진다. 내가 하고 싶은 일 다하지 않아도 된다. 이 세상에서 좀 못 살아도 된다. 이 세상에서 유명하지 않아도 된다. 이 세상에서 좀 억울해도 된다. 우리는 하나님 앞에 서는 날이 꼭 있다. 당신이 세상을 위해 살면 'Nothing'의 인생을 사는 것이고, 당신이 하나님을 위해 살면 'Everything'의 인생이 된다. 인생을 낭비하지 말자. 매일 하나님 앞에 서는 때를 생각하며 살자. 그렇다면 우리가 하나님 앞에 설 때를 생각하며 지혜롭게 사는 삶은 어떤 모습일까?

우리의 하루가 최고의 날이 되게 하려면…

솔로몬은 잠언 22장 1절에서 이렇게 말했다. "많은 재물보다 명예를 택할 것이요 은이나 금보다 은총을 더욱 택할 것이니라"(잠 22:1). 솔로몬이 생각할 때 최고의 날이 되는 방법은 재물을 쫓거나 은금을 택할 것이 아니라 하나님의 은혜를 구하는 것이었다. 날마다 하나님의 은혜, 하나님의 은총을 구하며 겸허하게 인생을 사는 것이었다.

오늘이 최고의 날이 되려면 내 노력으로만 사는 것이 아니라 하나님의 도움이 필요하다. 우리에게 하나님의 도움이 필요 없는 날이란 없다. 매일 매 순간 하나님의 도움이 필요하다. 하루를 출발할 때 "하나님 지금 내게 은혜를 베풀어주옵소서"라고 기도하고 시작하라. 하루 중 어려운 일을 만나면 "하나님 지금 이 상황에 은혜를 베풀어주옵소서"라고 하나님의 은혜를 구하라. 그러면 최고의 날이 될 것이다.

이와 관련해서 미국의 엘리베이션교회 담임인 스티브 퍼틱 목사는 이런 말을 했다. "만약 당신이 불가능한 일을 만났을 때 담대히 하나님께 나아가지 않는다면 당신은 현재 그리스도인의 삶에서 최고의 순간을 놓치고 있는 것일지도 모른다." 또한 존 비비어 목사가 쓴 「비비어의 은혜」라는 책에는 이런 글이 있다. "빛나는 그리스도인의 삶을 살려면 은혜에 눈을 떠라. 믿음으로 은혜의 문을 열라. 하나님께서 예비하신 은혜의 삶을 발견하라. 은혜 안에 승리하는 사람의 비결이 있다. 은혜는 거룩한 삶을 가능하게 한다."

오늘을 최고의 날로 살고 싶은가? 구약의 솔로몬은 하나님의 은총을 구하라고 했다. 그런데 사도 바울은 성령의 도움을 구하라고 말한다.

"기록된바 하나님이 자기를 사랑하는 자들을 위하여 예비하신 모든 것은 눈으로 보지 못하고 귀로 듣지 못하고 사람의 마음으로 생각지도 못하였다 함과 같으니라. 오직 하나님이 성령으로 이것을 우리에게 보이셨으니 성령은 모든 것 곧 하나님의 깊은 것까지도 통달하시느니라"(고전 2:9-10).

하나님은 하나님을 사랑하는 자들을 위해 놀라운 일을 예배해 놓으셨다. 그런데 그것은 성령 충만하지 않으면 알 수도, 볼 수도, 체험할 수도 없다. 그래서 하나님께서 우리를 위해 예비해 놓으신 놀라운 일을 경험하려면 우리는 성령님의 도움을 받아야 한다. 구약에서 솔로몬이 오늘을 최고로 살기 위해 하나님의 은혜를 구하라고 하였는데, 그 은혜가 바로 신약에서는 성령님이시다.

오늘날 현대 그리스도인들이 사용하는 모든 '은혜'라는 단어는 '성령'으로 바꾸어도 좋다. 우리가 흔히 사용하는 "이것은 하나님의 은혜였습니다"라는 말은 "이것은 성령님의 역사였습니다"라고 말해도 좋다는 의미다. 어쨌든 오늘의 삶이 최고가 되려면 성령님의 도움이 필요하다. 베드로가 성령 충만하지 않았더라면 어떻게 하루에 3천명, 5천 명을 주께로 인도하는 영적 거장이 되었겠는가? 사도 바울이 성령 충만하지 않았다면 어떻게 성경 13권을 쓰는 영적인 사람이 되었겠는가? 그리스도인의 능력은 자신에게 있는 것이 아니라 성령 하나님께 있다.

나는 내 힘으로만 살아서 나를 위해 예비해 놓으신, 눈으로 본 적 없고, 귀로도 들은 적 없으며, 머리로도 생각해보지 못한 하나님의 놀라운 계획을 보지 못하고 죽을까 염려된다. 나는 당신에게 오늘이 최고의 하루가 되게 하려면 당신 안에 숨어 있는 잠재력을 끄집어내라고 말하지 않는다. 나는 당신에게 성령 충만하여 하나님께서 예비하신 탁월함이 드러나게 하라고 말하고 있다. 오늘을 겨우 버티며 사는 수준으로 살지 말라. 하나님은 당신을 초라하게 살도록 창조하지 않으셨다. 오늘, 성령 충만하여 오늘을 최고의 날로 만들라.

하나님 앞에 서게 될 날을 생각하며
살 수 있는 방법은 성령님과 동행하는 것이다.

우리가 삶을 정리하고 천국에 가면 하나님 앞에 서게 될 것이다. 꼭 죽어서 하나님 앞에 설 것이 아니라 오늘 성령 하나님과 동행하면 된다. 에녹은 3백 년 동안 하나님과 동행하여 죽음도 통과하지 않고 하나님과 영원히 함께하게 되었다. 꼭 죽어서 하나님과 동행하려고 하지 말고 이 땅에 살 때 일찍 앞당겨 하나님 앞에서 살라.

지금 당신의 나이가 몇 인가? 나 누구는 몇 살에 성령님과 동행을 선언한다고 말하라. 성령님이 기뻐하시는 일을 하라. 매 순간 성령님과 동행하라. 성령님이 기뻐하시지 않는 일은 하지 말라. 하나님을 기쁘시게 하는 것을 삶의 목표로 삼으라. 그것이 가장 값진 인생을 사는 비결이다. 매 순간 성령님과 동행하는 자에게는 하나님의 무한한 능력과 사랑을 부어주실 것이다. 매 순간 성령님과 동행하는 자는 결코 후회하지 않는 값진 인생을 살 것이다.

﹥﹥﹥ 솔로몬의 인생 수업 6

후회하지 않는 인생을 살려면 하루하루를 최고의 하루로 살아야 한다. 하루하루가 최고의 하루가 되려면,

1. 하나님의 은혜를 구해야 한다.

모든 것이 다 하나님의 은혜이다. 그분의 은혜 없이 되는 일이란 아무것도 없다. 우리에겐 세상 사람들이 모르는 하나님의 은혜가 있다. 오늘이 시작될 때 하나님의 은혜를 구하라. 순간순간 하나님의 은혜를 구하라. 최고의 하루가 될 것이다.

2. 성령 하나님과 동행하라.

성령 하나님은 연약한 우리를 돕기 원하신다. 오늘 하루를 성령 하나님과 동행한다면 최고의 하루가 되어 있을 것이다.

오늘이라는 하루는

하나님이 주신 최고의 선물이다.

오늘 행복하지 않으면

내일 행복할 수 없다.

왕이 나를 돕는 자가 되게 하라

인생을 사는 데는 지혜가 필요하다. 어릴 때의 어리석은 결정으로 평생 후회하는 일이 있다. 그래서 전도서는 우리에게 큰 도움이 된다. 솔로몬은 전도서 1~6장에선 인생의 허무를 말하였다. 반면 7~12장에선 인생이 허무하지 않으려면 어떻게 해야 하는지 그의 지혜를 들려준다. 7장에서는 하루하루를 진지하게 살라, 즉 최고의 날을 만들라고 하였다. 그것이 인생을 잘사는 지혜이다. 8장에서는 권위에 대한 순종을 말하는데, 솔로몬이 느닷없이 권위에 대해 말하는 것은 인생에서는 수많은 권위자를 만나기 때문이다. 우리 인생에 나타나는 권위자와 관계를 좋게 하는 지혜가 필요하다.

솔로몬은 사람이 지혜를 가지면 얼굴에 광채가 난다고 말했다. "누가 지혜자와 같으며 누가 사물의 이치를 아는 자이냐. 사람의 지혜는 그의 얼굴에 광채가 나게 하나니 그의 얼굴의 사나운 것이 변하느니라"(전 8:1). 인생에서 만나는 수많은 권위자를 어떻게 대해야지 아는 사람은 얼굴에서 광채가 나는 것 같은 인생을 살게 된다. 그렇다면 우리는 인생에 나타나는 권위자를 어떻게 대해야 하는가?

하나님께서 세우신 권위자에게 순종하라

"내가 권하노라. 왕의 명령을 지키라. 이미 하나님을 가리켜 맹세하였음이니라. 왕 앞에서 물러가기를 급하게 하지 말며 악한 것을 일삼지 말라. 왕은 자기가 하고자 하는 것을 다 행함이니라. 왕의 말은 권능이 있나니 누가 그에게 이르기를 왕께서 무엇을 하시나이까 할 수 있으랴"(전 8:2-4).

이 말씀을 한 절씩 분석해보면 먼저 "내가 권하노라. 왕의 명령을 지키라. 이미 하나님을 가리켜 맹세하였음이니라"(전 8:2). 여기에서 왕은 꼭 왕이라기보다 우리 인생에 나타나는 권위자를 말한다. 그 권위자의 말에 순종하라는 뜻이다.

"왕 앞에서 물러가기를 급하게 하지 말며 악한 것을 일삼지 말라. 왕은 자기가 하고자 하는 것을 다 행함이니라"(전 8:3). "왕 앞에서 급하게 물러나지 말라"는 것은 왕 앞에서 경솔하게 행동하거나 충동적으로 사표를 쓰지 말라는 뜻이고, 교회에서는 갑자기 섬기는 일을 그만두지 말라는 의미다. "악한 것을 일삼지 말라"는 것은 왕의 명령이 마음에 안 든다고 왕에게 정면으로 도전하거나 왕을 해칠 음모를 꾸미지 말라는 뜻이다.

"왕의 말은 권능이 있나니 누가 그에게 이르기를 왕께서 무엇을 하시나이까 할 수 있으랴"(전 8:4). 이 말씀도 왕에게는 그 누구도 흔들 수 없는 힘이 있음을 말하고, 왕을 존경하라는 뜻이다.

우리는 태어나는 순간부터 부모라는 권위자를 만난다. 학교에 들어가면 선생님이라는 권위자를 만나고, 회사에 입사하면 직장상사라는 권위자를 만난다. 사람은 태어나서 죽는 순간까지 권위자를 만난다. 윗사람과의 관계를 지혜롭게 만들 줄 아는 사람은 인생이 참 잘 풀린다. 그러나 윗사람과 관계가 나쁜 사람은 모든 일이 꼬이기 시작한다. 여기서 우리 인생에 나타나는 권위자와의 관계를 좋게 만드는 지혜는 다름 아닌 '순종'이다. 순종이라는 것은 내 생각과 다를 때 그냥 윗사람의 말에 따르는 것이다. 순종은 내 주장을 버리고 권위자의 의견에 동의하는 것이다.

이 순종은 부모에게서 배우는 것이 가장 좋다. 부모에게 순종을 배운 사람은 회사에서 순종을 배우지 않아도 된다. 부모에게 순종을 배우지 못한 사람은 나중에 학교나 회사에서 순종을 배울 때 고통스러운 대가를 치르게 된다. 그러기에 부모가 자녀에게 제일 먼저 가르쳐야 하는 것이 순종이다. 순종을 배우지 못한 자녀는 무엇도 배울 수 없다. 혹시 지금 이 책을 읽고 있는 당신이 부모라면 자녀에게 먼저 순종을 가르치기 바란다. 그것이 자녀의 인생을 형통하게 하는 비결이다.

하나님은 우리에게 인생을 바로 사는 방법으로 십계명을 주셨다. 1~4계명은 하나님에 대한 계명이고, 5~10계명은 사람에 대한 계명이다. 사람에 대한 첫 번째 계명이 부모를 공경하라는 것이다. 에베소서 6장 1절에서는 "자녀들아 주 안에서 너희 부모에게 순종하라. 이것이 옳으니라"고 말씀하고 있다. 부모에게 순종하지 않는 사람은 인간관계의 가장 기초에서부터 실패하는 사람이다.

순종을 배우지 못한 사람은 무슨 일을 해도 꼬인다. 지금 잘되는 것 같아도 결국에는 잘 안 된다. 만약 이 책을 읽는 독자 중에 부모에게 순종하지 않는 사람이 있다면 사회생활을 하기 전에 먼저 부모에게 순종하는 것부터 배우라. 에덴동산에서 아담과 하와가 쫓겨난 이유가 무엇인가? 살인? 간음? 강도? 도둑질? 아니다. 바로 별것 아니라고 생각하는 '불순종'이다. 그러나 불순종은 작은 문제가 아니다. 불순종 안에는 살인, 간음, 강도, 도둑질, 불의, 추악, 탐욕 등 모든 죄악이 다 들어 있다. 우리는 먼저 불순종이 굉장히 무서운 죄라는 사실을 깊이 깨달아야 한다. 암에 걸린 사람이 치유되려면 먼저 암의 심각성을 알아야 한다. 자신의 몸이 심각한 암에 걸렸는데도 그냥 감기려니 하고 있으면 나중에 큰 고통을 당한다. 불순종이 정말 무서운 죄라는 사실을 가슴 깊이 깨달아야 한다.

그런데 정말 무서운 것은 지금 자신이 불순종하고 있거나 반항적이라는 사실을 전혀 깨닫지 못하고 있다는 것이다. 당신의 삶이 에덴동산처럼 회복되기 바란다면 순종의 삶을 살아야 한다. 권위에 대한 말씀은 다 싫어할 것이다. 그러나 이 말씀은 우리에게 참 중요한 말씀이다. 예방 주사는 아프지만 더 큰 아픔을 당하지 않으려면 주사를 맞아야 한다. 당신의 생각대로만 인생을 살지 말라. 당신 인생에 왕으로 등장하는 권위자의 명령에 순종하라. 그것이 당신 얼굴에 광채가 나게 해줄 것이다.

한때 미국 국무장관으로 일하였던 콜린 파월에게 한 신문기자가 질문했다.

"당신 부하 중에 제일 골치 아픈 부하는 어떤 사람입니까?"

그는 자신의 방에 들어와서 방의 커튼 주름을 세고 있는 부하라고 대답했다. 그래서 그는 그 부하를 커튼 주름이 없는 방으로 보내버렸다고 덧붙였다.

부하가 상사의 방에 들어와서 커튼 주름을 세고 있다는 것은 부하인 자신이 직장상사인 양 무엇을 감시하고 지시하려는 태도를 가졌다는 뜻이다. 부하직원은 직장상사의 얘기를 경청하고 그 상사의 말에 순종하는 태도를 가져야 한다. 그 사람에게 은혜가 있다.

여기서 우리가 한 가지 조심해야 할 점이 있다. 윗사람에게 무조건 다 순종해야 하는 것은 아니다. 아무리 윗사람이라고 해도 옳지 않은 일을 명령한다면 우리는 지혜롭게 거절해야 한다. 출애굽기 1장에 보면 애굽의 바로 왕이 이스라엘 사람의 숫자가 많아지자 이스라엘의 모든 산파에게 히브리인 남자 아기가 태어나면 죽이라고 명령하였다. 그때 히브리 산파들이 바로 왕의 명령을 거절하여 모세가 태어나게 되었다. 다니엘서 3장에 보면 사드락과 메삭과 아벳느고는 우상에게 절하라는 명령에 불순종하여 풀무불 속에 들어갔다. 사도행전 4장에 보면 그 당시 종교지도자이며 유대인들의 권위자인 산헤드린 공회원들이 예수 이름으로 전도하는 것을 금하였지만, 베드로와 요한이 "너희들의 말을 들으랴. 하나님의 말씀을 들으랴" 하며 담대히 말씀을 전하였다. 이런 사례를 보면서 권위자에게 순종하되 부조리한 일에는 순종하지 않아야 한다는 결론을 내릴 수 있다.

권위자에게 순종하는 자에게는 복이 있다

"명령을 지키는 자는 불행을 알지 못하리라. 지혜자의 마음은 때와 판단을 분변하나니 무슨 일에든지 때와 판단이 있으므로 사람에게 임하는 화가 심함이니라. 사람이 장래 일을 알지 못하나니 장래 일을 가르칠 자가 누구이랴. 바람을 주장하여 바람을 움직이게 할 사람도 없고 죽는 날을 주장할 사람도 없으며 전쟁할 때를 모면할 사람도 없으니 악이 그의 주민들을 건져낼 수는 없느니라"(전 8:5-8).

전도서 8장 5~8절의 말씀은 사람은 미래를 알지 못하기에 지금 순종하면 복이 되고 알지 못하는 은혜가 임한다는 말씀이다. 사람은 그 누구도 미래를 알지 못한다. 사람의 미래는 인간의 능력을 넘어서는 신비이다. 우리는 우리에게 부는 바람을 통제할 능력이 없고 죽음도 내 마음대로 할 수 없다. 그런데 분명한 것은 순종하는 자에게는 복이 있다는 사실이다.

조금 전에 우리는 인생에서 우리의 첫 번째 권위자는 부모님이라고 했다. 우리는 부모님에게 순종해야 한다. 이것에는 이유가 없다. 그냥 하나님께서 정하신 옳은 일이다. 성경은 부모를 공경하고 부모에게 순종하는 자는 땅에서 잘되고 장수한다는 복을 말하고 있다. "이로써 네가 잘되고 땅에서 장수하리라"(엡 6:3). 부모에게 순종하는 삶을 사는 자는 무슨 일을 해도 잘될 것이다.

미국에 한 방송국에서 일하는 뉴스 앵커에게 갑자기 위로부터 지금 하고 있는 방송을 중단하고 스포츠 방송기자를 하라는 명령이 떨어졌다. 그는 너무나 황당했다. 왜냐하면 그는 20여 년 방송국에 근무하면서 한 번도 스포츠 방송을 해본 적이 없었기 때문이다.

회사를 그만둘까 고민도 해보았지만 위에서 내려온 명령이니 할 수 있는 만큼 해보자는 각오로 모든 스포츠 경기 규칙을 배우고, 운동 선수들의 이름을 외우기 시작했다. 그는 처음에는 불평으로 시작했지만 위의 권위에 순종했다. 그 결과 얼마 후 그는 이사회로부터 사장으로 승격되었다. 인생은 참 묘하다.

우리가 왜 부당한 권위자에게 순종해야 하는가? 그 권위자를 하나님께서 세우셨기 때문이다. 인생의 미래는 하나님의 손에 달려 있다. 우리는 우리의 미래를 모른다. 지금 내가 옳다고 생각한 것이 정말 옳은 것이 아닐 수 있다. 누가 장래 일을 알까? "사람이 장래 일을 알지 못하나니"(전 8:7). 누가 바람의 길을 알까? "바람을 주장하여 바람을 움직이게 할 사람도 없고"(전 8:8). 누가 죽음의 때를 알겠는가? "죽는 날을 주장할 사람도 없으며"(전 8:8).

사사기에 보면 삼손이 블레셋 사람들에게 수수께끼를 내는 장면이 나온다. "강한 자에게서 단 것이 나오는 것이 무엇이냐"(삿 14:14). 블레셋 사람들은 이 수수께끼가 무엇인지 알 수가 없었다. 이 수수께끼는 우리에게도 해당하는 것이다. 답은 사자에게서 꿀이 나온 것이다. 우리 인생에 강한 자가 바로 권위자이다. 그 권위자에게서 단 꿀이 나온다. 인생의 권위자에게 순종하라. 그것이 당신의 인생을 부유한 길로 가게 해줄 것이다.

내가 이것을 좀 더 일찍 알았더라면 후회되지 않는 삶을 살았을 것이다. 내 인생에 정말 크게 후회되는 일이 몇 가지 있다. 그중 하나는 권위에 대한 일이다. 어느 교회 부목사로 섬기고 있을 때 6개 청년부 중 60명 정도 되는 한 부서를 맡고 있었다. 그 청년부가 1년 만에 200명이 되자 담임목사님이 나에게 청년부 전체를 맡겨주었다.

전체 청년부의 첫 모임에 400명 정도가 모였다. 그 청년부가 3년 만에 2천 명이 되었다. 그때 담임목사님은 나에게 청년부를 내려놓고 교구로 가라고 하셨다. 나는 도저히 이해할 수가 없었다. 잘했다고 칭찬하며 더 좋은 보직을 맡기는 것이 당연한데, 그게 아니라 교구라니…. 그래서 나는 청년부를 내려놓고 미국으로 유학을 떠났다. 지금 생각해보면 내 인생에 정말 큰 실수를 저지른 순간이었다.

젊은이들이여, 회사에서 윗사람과 갈등하지 말라. 이런 설교를 하면 목사님이 우리 직장상사를 몰라서 그렇다고 하는 사람이 있다. 아니다. 당신의 직장상사가 성품이 좋든 나쁘든 그것은 당신의 몫이 아니다. 당신은 그냥 그에게 좋은 태도로 순종하기만 하면 된다. 그것이 당신의 인생에 좋은 길을 열어줄 것이다.

성경에 나오는 거장들은 다 나쁜 왕을 섬겼다. 요셉은 애굽의 바로 왕을 섬겼다. 요셉은 바로 왕이 악하다고 아무렇게나 섬기지 않았다. 그는 왕에게 순복하는 삶을 살았다. 느헤미야는 페르시아의 폭군인 아닥사스다 왕을 섬겼다. 그는 왕의 신임을 전적으로 받는 충실한 종으로 섬겼다. 다니엘은 바벨론의 폭군인 느부갓네살 왕을 충성스럽게 섬겼다. 이들이 섬기던 왕은 다 이방의 왕이었고, 폭군이었으며, 괴팍한 성격에 날마다 술잔치를 벌린 악한 왕이었다. 그러나 믿음의 사람들은 왕 앞에 늘 순종하는 삶을 살았다.

바울은 로마서에서 믿음의 중요성을 말하였다. 그는 로마서 1~11 장에서 믿음으로 구원받는다는 말을 하였다. 그리고 12장에서는 믿음으로 구원받은 우리가 이제 삶의 예배를 드려야 함을 말한다.

"그러므로 형제들아 내가 하나님의 모든 자비하심으로 너희를 권하노니 너희 몸을 하나님이 기뻐하시는 거룩한 산 제물로 드리라. 이는 너희가 드릴 영적 예배니라"(롬 12:1).

그런 다음 로마서 13장에서는 믿음으로 구원받은 우리가 삶의 예배를 드리고, 권위자에게 순복할 것을 말한다.

"각 사람은 위에 있는 권세들에게 복종하라. 권세는 하나님으로부터 나지 않음이 없나니 모든 권세는 다 하나님께서 정하신 바라"(롬 13:1).

전도서에서도 5장에서 삶의 예배를 말하고, 8장에서 권위자에게 순종할 것을 말하고 있다. 성경은 구약이나 신약이나 다 똑같은 말씀을 한다.

당신이 믿음을 가진 자라면 권위자에게 순종하라. 왜냐하면 그 권위가 하나님에게서 나왔기 때문이다. 때로는 당신 삶의 권위자가 사울 왕처럼 폭군일 수도 있다. 다윗은 자신이 골리앗을 죽였다는 이유로 사울 왕의 미움을 받아 13~15년을 들판으로 동굴로 도망 다니며 살아야 했다. 그러나 그는 단 한 번도 사울 왕을 공격하거나 죽이려 하지 않았다. 그렇게 함으로 하나님을 경외한 것이다. 그가 사울 왕을 끝까지 존중하였기에 하나님께서 나중에 다윗을 왕의 자리로 옮겨주셨다.

그렇다면 윗사람에게 순종함으로 하나님을 경외하면 어떻게 되는가? "너희가 즐겨 순종하면 땅의 아름다운 소산을 먹을 것이요"(사 1:19). 억지로 하지 않고 즐겨 순종하는 사람은 이 땅에 사는 동안 아름다운 소산을 먹게 된다. 당신 인생의 권위자가 좋은 자도 있고 사울처럼 견디기 어려운 자도 있을 것이다. 하나님께서 당신의 인생에 사울 같은 악한 권위자를 보내셨을 때 싸우지 말라. 그 권위자가 창을 던질 때 같이 창을 던지지 말라. 어떤 사람은 권위자가 던지는 창을 수북이 모아 두었다가 나중에 한꺼번에 던진다. 그것은 정말 위험한 짓이다. 하나님은 우리 인생에 사울 같은 권위자를 올려놓고 우리를 시험하기도 하신다.

그러기에 우리는 삶의 권위자와 다투지 말아야 한다. 정말 그 권위자를 견디지 못할 경우에는 조용히 물러나는 것이 지혜이다. 당신의 삶에 허락된 권위자에게 순종함으로써 하나님을 경외하라. 하나님을 경외하는 사람의 인생은 잘될 것이다. "또한 내가 아노니 하나님을 경외하여 그를 경외하는 자들은 잘 될 것이요 악인은 잘되지 못하며 장수하지 못하고 그날이 그림자와 같으리니 이는 하나님을 경외하지 아니함이니라"(전 8:12-13). 이 말씀이 권위자에게 순종하는 사람의 형통함이다.

지금 혹시 당신이 권위자의 자리에 있는가? 권위자에게 나누고 싶다. 부모의 자리, 직장상사의 자리는 권위자의 자리이다. 권위자의 자리는 내 노력으로 생긴 것이 아니라 하나님의 은혜로, 하나님께서 주신 것이다. 이것을 착각해서는 안 된다.

도끼는 나무꾼 없이 아무것도 할 수 없다. 나무꾼이 도끼를 만들었고, 날카롭게 날을 갈았으며, 도끼를 사용한다. 나무꾼이 도끼를 버리는 순간 그 도끼는 고철이 되고 만다. 부디 당신이 나무꾼 손에 들린 도끼라는 것을 잊지 말라. 하나님께서 당신을 버리시면 당신이 가진 모든 권위가 순식간에 다 사라진다. 절대로 교만해서는 안 된다.

권위자로 사는 사람은 날마다 하나님을 경외하면서 두렵고 떨림으로 권위의 자리를 겸손으로 유지해야 한다. 그리고 그 권위가 하나님으로부터 온 것임을 잊지 말아야 한다. 권위자 아래에 사는 사람은 그 권위자 너머에 계신 하나님을 바라보아야 한다. 권위자에게 순종하는 것이 삶의 지혜이다.

미국의 콜로라도에서 어떤 사람이 스키를 타고 있었다. 그는 시원하게 펼쳐진 설원에서 신나게 스키를 즐겼다. 그가 스키를 타던 중 슬로프에서 빨간 조끼를 입은 몇몇 사람을 보게 되었다. 그는 그들이 어떤 사람인지 궁금했다. 마침 그들과 가까워지게 되어 빨간 조끼에 쓰인 글씨를 볼 수 있게 되었다. 조끼에는 '시각 장애인'이라고 쓰여 있었다. 그는 깜짝 놀랐다. '나는 건강한 두 눈을 가지고도 스키 타기가 힘든데 앞이 보이지도 않는 사람이 스키를 타고 있다니…. 어떻게 그것이 가능할까?' 그 남자는 시각 장애인이 어떻게 스키를 타는지 그 비결이 궁금했다.

그래서 그들이 스키 타는 모습을 유심히 지켜보았다. 그런데 그 해답은 놀랄 만큼 간단했다. 그들 각자에게 온전히 신뢰할 수 있는 지도자가 앞뒤로 한 사람씩 따라다니고 있었다. 앞에 있는 지도자는 음악 소리를 내며 앞서가고, 뒤에 있는 지도자는 계속 말을 해주고 있었다. 똑바로, 왼쪽으로, 오른쪽으로, 천천히, 멈춤, 앞에 사람이 오고 있음 등을 끝없이 지시했다. 그러면 시각 장애인은 지도자를 신뢰하고 즉시 지시에 순종하면 되는 것이었다.

그는 그것을 보고 한 가지 사실을 깨달았다. 우리 인생이란 마치 아무것도 보이지 않는 상태에서 언덕 아래로 가는 것과 같다는 것이었다. 스키를 배우는 맹인과 같이 우리는 바로 5초 후에 무슨 일이 일어날지 알지 못한다. 어떤 사람이 우리를 향해 스키를 타고 돌진해올지 혹은 우리가 바위를 향해 돌진할지 모른다. 이때 우리의 지도자가 되시는 분이 계신다. 바로 성령님이시다.

하나님은 우리가 인생을 살아갈 동안 우리의 인도자가 되시는 성령님을 보내주셨다. 성령님은 우리와 함께 걷고 우리와 함께 이야기하신다. 하지만 우리에게도 할 일이 있다. 지도자의 말을 듣고 즉시 순종하던 시각 장애인처럼 하나님께서 말씀하시면 즉시 그대로 행하는 것이다. 하나님께서 왕이 되시게 하는 것이다. 그러기에 우리는 성령님의 음성을 들어야 한다. 성령님과 동행해야 한다.

성령님과 동행하며 성령님의 음성에 귀를 기울이라.
그것이 우리의 인생을 형통하게 해줄 것이다.

하나님은 당신의 인생이 망하길 원치 않으신다. 당신이 지금 이해되지 않아도 순종의 삶을 살면 하나님은 반드시 놀라운 복을 부어주신다.

브라이언의 간증이다. 브라이언은 부당한 대우를 받아도 순종하면 우리의 그 사건이 공의로 심판하시는 하나님의 손안에 놓이게 된다(벧전 2:21-23)는 설교를 듣고 목사를 찾아갔다.

"목사님, 저는 아주 큰 보험회사 임원입니다. 몇 년째 열심히 일해서 부사장 후보 일순위가 되었습니다. 제가 승진 자격이 있다는 걸 동료직원들도 다 알고 있지요. 그런데 정작 공석이 되자 회사는 그 자리를 다른 사람에게 주었습니다."

"어쩌다 그렇게 되었습니까?"

"그 사람은 백인이고 저는 흑인이니까요. 목사님, 그건 차별입니다. 저는 부사장 일을 할 수 있습니다. 그런데 오늘 아침 목사님이 전한 메시지 때문에 다 망쳤습니다."

목사는 그를 보며 말했다.

"하나님 방식대로 하고 싶습니까? 아니면 당신의 방식대로 하고 싶습니까?

브라이언은 망설임 없이 대답했다.

"목사님, 저는 온 마음으로 하나님을 사랑합니다. 그분 방식대로 하고 싶습니다. 그러니까 지금 목사님하고 말하고 있지요. 함께 기도해 주시겠습니까?"

둘은 함께 고개를 숙인 채 의롭게 판단하시는 하나님 아버지의 손에 그 사건을 의탁했다.

이튿날 아침, 브라이언은 출근하여 이번에 승진한 그 동료를 먼저 존중해주기로 했다. 그래서 출근하자마자 그 사람 사무실로 가서 손을 내밀며 웃는 얼굴로 말했다.

"승진을 축하드립니다. 최고의 부하직원이 되겠습니다."

몇 주가 지나도록 아무 일 없었다. 하루는 한 경쟁사에서 연락이 왔다. 댈러스에 지부를 두고 있는 굉장히 큰 국제보험회사였다.

"그간 우리는 당신이 당신 회사와 우리 회사에 중복 가입된 고객들을 대하는 방식을 지켜보았습니다. 그리고 큰 감동을 받았습니다. 우리 회사에 와서 일해 볼 생각이 없으십니까?"

브라이언은 길게 생각해볼 것도 없이 말했다.

"아뇨, 관심 없습니다. 직장을 옮길 마음이 없습니다."

하지만 상대방은 물러서지 않았다.

"부디 만나서 점심이나 한번 하며 얘기해봅시다."

거절해도 계속 인사만 하자고 해서 만나게 되었다.

식사하면서 그 회사의 간부가 자신의 회사에 와달라고 부탁했다. 브라이언은 통화할 때 대답한 것처럼 자신의 마음은 변함없다며 거절하였다.

"알겠습니다. 하지만 이렇게 하면 어떻겠습니까? 돌아가서 부인과 상의해보십시오. 우리 회사에 원하시는 연봉을 두 분이 정하십시오. 그런 다음 일주일 후에 다시 만나시죠."

브라이언은 집으로 돌아와 그 일을 별로 심각하게 생각하지 않았다. 그러다 약속 전날 밤이 되어서야 아내에게 말했다.

"난 정말 직장을 옮기고 싶지 않소. 저쪽에서 나더러 연봉 액수를 부르라더군. 갈 생각 없으니 지금 연봉의 세 배를 부를까 하오. 그들이 나를 비웃으며 식당을 나가면 그걸로 이 일은 끝나겠지요."

그는 연봉의 세 배의 액수를 적었다. 황당한 액수였다. 그다음 날 브라이언은 점심식사 장소에 나갔다. 보험회사의 간부는 브라이언에게 연봉 액수를 정했느냐고 물었다. 브라이언이 코트 주머니에서 편지를 꺼내려고 하는데 상대방이 그를 막았다.

"아니, 아닙니다. 당신이 원하는 액수를 꼭 볼 마음은 없습니다. 우리가 당신에게 지급하고 싶은 금액을 먼저 보여드리지요."

그 사람이 내민 서류를 읽던 브라이언은 기절할 뻔하였다. 그들이 제시한 액수는 브라이언이 받고 있던 연봉의 네 배였다. 브라이언은 너무 놀라 말문이 막혔다. 그는 지금 버지니아에 있는 국제 본부에서 최고의 간부로 일하고 있다. (존 비비어, 「존중」(두란노), 69-72쪽)

순종이 부유함을 가져다준다. 순종이 기적을 낳는다. 순종이 아름다운 인생을 살게 해준다. 하나님이 당신 인생에 왕이 되게 하라. 왕에게 순종하라. 왕에게 기대하라. 믿음의 순종은 꾹 참는 것이 아니라 기대이다. 당신의 순종으로 이 땅에 하나님의 복이 흘러들어오게 하라. 당신이 서 있는 그곳에서 하나님을 기대하며 순종하라.

최고의 인생을 살고 싶은가? 당신 인생에 권위자로 있는 왕에게 순종하라. 순종하는 자에게 부유함이 온다. 온유한 자가 땅을 차지한다. 불순종과 반항과 거역이 떠나길 기도하라. 이 세상은 하나님의 말씀에 순종하는 자들을 통해 복을 받게 될 것이다. 당신의 순종이 이 땅에서의 삶을 부유하게 할 것이다. 행복한 순종으로 하나님께서 주시는 복이 당신의 삶에 펼쳐지게 하라.

>>> 솔로몬의 인생 수업 7

인생을 잘사는 비결 중 하나는 내 인생에 나타나는 권위자와의 관계를 잘 유지하는
것이다.

1. 권위자에게 순종하라.
   당신의 인생에 나타나는 모든 권위자에게 순종하여 권위자와 좋은 관계를 유지하
   라. 그것이 인생을 잘사는 비결 중 하나이다.

2. 권위자와 좋은 관계를 유지하는 자에겐 하나님이 베푸시는 복이 있다.
   우리는 우리 미래를 모른다. 우리의 미래는 하나님 손에 달려 있다. 하나님은 우리가
   매사에 권위자와 좋은 관계를 맺고 있는지 보고 계신다. 권위자와 좋은 관계를 유지
   하는 자에겐 하나님께서 복을 주신다.

당신의 순종으로 이 땅에
하나님의 복이 흘러들어오게 하라.
당신이 서 있는 그곳에서
하나님을 기대하며 순종하라.

03

살아 있는 자에게는 희망이 있다

만약 하나님 없이 인간이 성공하거나 유명해진다면 결국에는 허무를
말할 수밖에 없다. 알렉산더는 왕자로 태어나 왕궁에서 자라 20세에
왕이 되어 수많은 나라를 정복하고 세계를 제패하였다. 하지만 그가
33세의 나이로 요절할 때 남긴 말은 "인생이란 허무한 것"이라는 단
한마디였다. 그러나 예수님은 베들레헴의 마구간에서 가난하게 태어
나 무명으로 30년 목수의 삶을 사셨고, 30세에 제자들을 부르신 후
3년 반의 공생애를 사셨으며, 33세에 십자가에서 돌아가시면서 남긴
말씀은 "다 이루었다"는 가치 있는 인생을 살았다는 것이었다.
무슨 차이인가? 똑같이 33세에 죽었는데 한 사람은 인생이 허무하다
고 말하였고, 한 사람은 다 이루었다고 말하였다. 인생에 하나님이 있

는 사람은 하루를 살아도 가치 있는 인생이 되고, 하나님이 없는 사람은 아무리 세상의 부귀영화를 손에 다 쥐어도 헛된 것이다. 그러므로 인생을 논하려면 먼저 하나님이 계신 것을 알아야 한다.

전도서 9장은 하나님이 계신 것으로부터 시작된다. 전도서 9장 1절을 보자. "이 모든 것을 내가 마음에 두고 이 모든 것을 살펴본즉 의인들이나 지혜자들이나 그들의 행위나 모두 다 하나님의 손안에 있으니 사랑을 받는지 미움을 받는지 사람이 알지 못하는 것은 모두 그들의 미래의 일들임이니라"(전 9:1).

당신은 이 세상의 모든 것이 하나님의 손안에 있음을 믿는가? 나는 가끔 청년들에게 하나님을 보여달라는 질문을 받곤 한다. 그때마다 나는 태양에 대해서 말해준다. 태양은 온도가 6천 도이다. 그것은 태양 표면의 온도이고, 태양 내부는 2천만 도이다. 저렇게 6천 도나 되는 태양에 누가 에너지를 공급할까? 아무도 태양에 연료를 공급하지 않는데 인류가 시작된 이래로 지금까지 단 1도도 내려가지 않고 똑같은 온도를 유지하고 있다. 우연이라고 말하면 안 된다. 하나님께서 하시는 일이다. 태양의 온도가 매년 1도씩만 내려가도 지구에 사는 우리는 다 얼어 죽고 만다.

태양과 지구의 거리는 1억 4,960만km이다. 지구는 일 년에 한 바퀴씩 태양 주위를 돈다. 만약 지구가 실수로 태양과 조금만 더 가깝게 돌면 어떻게 될까? 순식간에 빙하가 녹고 해수면이 높아지면서 육지가 다 바다에 잠기게 된다. 아무도 거리를 조절해주는 사람이 없는데 어떻게 지구가 태양과의 거리를 정확하게 1억 4,960만km를 유지하면서 돌까? 우연이라고 말하면 무지한 자이다. 하나님께서 하시는 일이다.

한 가지만 더 보자. 천문학자들의 말에 의하면 지구 주위로 매일 큰 바윗덩어리가 지나간단다. 그 바윗덩어리를 소행성이라고 부른다. 그 소행성의 크기는 지름이 1km 정도 되는 것이 약 1년에 2천 개가 지나가고, 100m 정도 되는 것은 30만 개, 20cm 정도 되는 것은 1억 개 이상이 지구 주변을 쏜살같이 지나간다. 그렇게 많은 소행성이 지구 주위를 지나가는데 우리 지구는 소행성과 큰 충돌 없이 태양 주위를 돌고 있다. 천문학자들은 이것은 정말 기적 중의 기적이라고 말한다. 우리는 이것을 하나님의 은혜라고 말하고 하나님의 도우심이라고 생각한다.

솔로몬은 전도서 9장 1절에서 모든 것이 다 하나님의 손안에 있다고 고백한다. 우리의 태어남이 하나님의 은혜이다.

"내가 너를 모태에 짓기 전에 너를 알았고 네가 배에서 나오기 전에 너를 성별하였고 너를 여러 나라의 선지자로 세웠노라 하시기로"(렘 1:5).

우리는 이 세상에 우연히 태어난 존재가 아니다. 우리는 이미 엄마 배 속에 지어지기 전에 하나님께서 계획하셨다. 그러기에 미래에 대해서 두려워할 필요가 없다. 하나님은 살아계신다. 하나님은 지금도 당신을 돕고 인도하고 계신다.

> "이 하나님은 영원히 우리 하나님이시니 그가 우리를 죽을 때까지 인도하시리로다"(시 48:14).

우리의 하나님은 우리가 태어날 때 우리를 계획하셨고, 우리가 죽을 때까지 보호하고 인도하신다. 그래서 그리스도인의 삶에는 허무가 없다. 하나님의 손이 우리를 보호하지 않은 때가 있을까? 없다! 하나님은 우리를 한 번만 도우시는 분이 아니다. 우리 삶이 다 끝날 때까지 우리를 돕고 인도하신다. 우리 삶의 배후에는 언제나 하나님의 손이 있다. 하나님께서 도우신다는 사실을 믿는 자는 아무리 어려운 일을 당해도 절망하지 않는다. 만약 하나님이 계시지 않는다면 우리 인생은 정말 어디에서 왔다가, 무엇을 하다가, 어디로 가는지 모르는 허무이다. 그러나 하나님이 계시기에 인생은 정말 살 만하다!

솔로몬이 인생은 헛되고 헛되며 모든 것이 헛되다고 말하였지만, 그가 모든 것이 다 하나님의 손에 있음을 알았을 때 인생은 사는 것 그 자체가 희망이며 행복이라고 고백했다. "모든 산 자들 중에 들어 있는 자에게는 누구나 소망이 있음은 산 개가 죽은 사자보다 낫기 때문이니라"(전 9:4).

여기에 "산 개가 죽은 사자보다 낫다"는 말은 아랍의 속담이다. 솔로몬 당시에 개는 동네를 배회하거나 쓰레기를 뒤지는 더러운 짐승이었다. 사자는 동물의 왕을 말한다. 이 속담은 천한 신분의 사람이라도 살아 있다면 죽은 왕보다 훨씬 낫고 희망이 넘친다는 뜻이다. 우리에게 정말 힘을 주는 단어는 '희망'이라는 단어이다. 희망이 있으면 즐거움이 생기고 열정이 넘친다. 이런 기도를 해본 적이 있는가?

"하나님, 오늘도 살아 있게 해주셔서 감사합니다!"

"하나님, 저에게 오늘이라는 선물을 주셔서 감사합니다!"

지금 살아 있음에 대한 감격이 있길 바란다. 전도서 기자는 살아 있는 자에겐 희망이 있다고 말한다.

당신은 지금 살아 있는가? 그렇다면 당신에게는 희망이 있다. 아무리 큰 불행을 만났다 하더라도 살아 있다면 희망이 있다. 이 세상에서 가장 어리석은 사람은 자기 스스로 낙심하고 미리 절망하여 조급하게 포기하는 사람이다. 당신이 살아 있다면 희망을 품으라. 당신이 살아 있다는 것은 아직 하나님께서 포기하지 않으셨다는 뜻이다. 우리 인생에 있어서 희망은 밭에 묻힌 씨앗과 같다. 씨앗을 묻어두지 않은 밭에서 아무런 소출도 기대할 수 없듯이 희망을 품고 있지 않은 삶에서는 아무런 열매도 기대할 수 없다. 의사들은 말한다. "암에 걸려 죽는 사람은 아무도 없습니다. 단지 희망을 버린 사람들이 죽을 뿐입니다." 우리 그리스도인은 언제나 희망을 품어야 한다. 이제 솔로몬은 살아 있는 자는 어떻게 살아야 하는지, 인생의 교훈을 들려준다.

살아 있는 자는 늘 즐겁게 살아야 한다

많은 현대인이 기쁨도 없이 만족도 없이 살아간다. 매일 성공이라는 독재자가 휘두르는 채찍에 맞아 주눅 들어 있다. 아침에 눈 뜨자마자 돈 걱정을 하고, 자녀 걱정을 하며, 건강 걱정을 하고, 회사 걱정을 한다. 염려, 근심, 걱정은 우리의 살아 있는 날을 좀처럼 갉아먹는다. 참 안타까운 일이다. 그러나 미래의 염려에 짓눌려 살지 말고 오늘을 즐겁게 살자. 우리는 염려하기 위해 태어난 존재가 아니라 기쁘게 살기 위해 태어났다. 우리는 행복하기 위해서 태어났다. 살아 있는 자가 꼭 해야 할 첫 번째 일은 기쁘게 사는 것이다. 우리의 미래는 하나님의 손에 달려 있다. 그러므로 우리는 내일을 하나님께 맡기고 오늘을 기쁘게 살아야 한다.

그래서 솔로몬은 전도서 9장에서 이렇게 말했다. "너는 가서 기쁨으로 네 음식물을 먹고 즐거운 마음으로 네 포도주를 마실지어다. 이는 하나님이 네가 하는 일들을 벌써 기쁘게 받으셨음이니라"(전 9:7). 여기서 음식을 기쁘게 먹으라는 것과 포도주를 즐겁게 마시라는 것은 꼭 포도주를 마시라는 뜻이 아니라 무엇을 마시든 즐겁게 마시라는 의미다. 구약시대의 포도주는 기쁨을 상징한다. 왜 음식을 즐겁게 먹고 포도주를 즐겁게 마셔야 하는지는 이어지는 구절에서 설명하고 있다. 이는 하나님께서 음식 먹는 일을 벌써 기쁘게 받으셨기 때문이라고 기록한다. 이 말은 하나님께서 우리를 창조하실 때 우리가 즐겁게 음식을 먹도록 만드셨기 때문이라는 것이다. 음식은 다 하나님께서 우리에게 공급하신 것이다. 그래서 하나님께서 주신 음식을 우리가 즐길 때 하나님이 기뻐하신다는 뜻이다.

불교에서는 인생이 고해(苦海)라고 하지만 우리 그리스도인에게 인생은 축제이다. 예수님께서 공생애를 시작하실 때 최초의 기적을 가나 혼인 잔치에서 행하셨다. 포도주가 없어서 파장하게 된 잔치를 이전보다 더 맛있는 포도주를 만드셔서 축제의 잔치가 되게 하셨다. 예수님은 축제로 사역을 시작하셨다. 삶이란 고통 속에 짓눌리는 고생 거리가 아니라 기쁨과 즐거움이 가득한 행복의 시간이다. 그리스도인은 하나님께서 베풀어 놓으신 음식을 먹고 마시는 즐거움을 누려야 한다. 오늘 작은 음식에도 즐거워해야 한다. 모든 음식은 하나님께서 공급하신 것이다. 일용할 양식이 있는가? 기뻐하고 감사하라. 그것이 살아 있는 자의 행복이다.

또한 솔로몬은 항상 흰옷을 입으라고 말했다. "네 의복을 항상 희게 하며 네 머리에 향 기름을 그치지 아니하도록 할지니라"(전 9:8). 솔로몬 당시에 흰 의복은 순결과 기쁨을 상징한다. 이스라엘 사람들은 슬픔을 당하면 베옷을 입고 재를 뒤집어썼다. 반면에 기쁠 때는 흰옷을 입고 머리에 향유를 바름으로 기쁨을 표현했다. 솔로몬은 이 흰옷을 항상 입으라고 말했다. 그것은 항상 기뻐하라는 뜻이다. 옷은 남들이 보는 것이다. 이 말은 누가 보아도 기쁨이 넘치는 자로 살라는 뜻이다. 기쁨은 내면에서 솟아 나와 밖으로 드러나야 한다. 좋은 일이 있어서 기쁜 것이 아니다. 기뻐하기에 좋은 날이 오는 것이다. 성공해야 행복한 것이 아니라 행복해야 성공한다. 당신의 인생이 하나님 손안에 있음을 믿는가? 그렇다면 즐거워하라.

전도서는 굉장히 우울하게 시작하는 책이고 인생의 허무가 가득한 책이다. 그런데 9장에서는 항상 기쁘게 항상 즐겁게 살 것을 말하고 있다. 솔로몬은 전도서 9장에서 두 가지 즐거움을 말한다. 첫 번째는 음식의 즐거움이고, 두 번째는 가정의 즐거움이다. "헛된 평생의 모든 날 곧 하나님이 해 아래에서 네게 주신 모든 헛된 날에 네가 사랑하는 아내와 함께 즐겁게 살지어다. 그것이 네가 평생에 해 아래에서 수고하고 얻은 네 몫이니라"(전 9:9).

가정생활의 시작은 부부이다. 부부 사이가 좋은 것은 정말 중요하다. 세상 사람들은 부부는 결혼하고 처음 한 달 동안만 좋다고 허니문이라고 말한다. 그것은 성경적인 결혼이 아니다. 어떤 사람은 결혼하면 한두 해 좋다가 그 후로는 꾹 참고 살아야 한다고 말한다. 그것도 잘못된 생각이다. 부부는 평생 좋은 친구로 행복하게 동행해야 한다. 우리 그리스도인은 부부가 같이 살면 살수록 날마다 더 행복해야 한다. 솔로몬은 천 명의 부인과 살았지만 행복하지 않았다. 그가 인생 말년에 깨달은 것이 바로 부부의 행복이었다. 부부 사이가 좋으면 어떤 어려움이 있어도 다 이겨낼 수 있다. 그런데 부부 사이가 나쁘면 세상의 어떤 즐거움을 다 주어도 우울하다. 그러기에 행복을 다른 곳에서 찾으려고 하지 말고 가정에서 찾아야 한다.

가정은 부부에서 출발하여 자녀로 확대된다. 가족이 많으면 많을수록 행복의 숫자가 더해진다. 가족의 숫자는 행복의 숫자이다. 가족은 짐이 아니다. 가족은 행복이다. 세상 최고의 지혜자인 솔로몬은 살아 있는 자의 행복은 즐겁게 음식을 먹는 것이며, 건강한 가정생활을 하는 것에 있다고 말한다. 행복은 일확천금을 버는 일이나 큰 성공에 있는 것이 아니다. 매일 매끼 즐겁게 식사하는 것이며, 매일 가족과 행복하게 지내는 것이다. 혹시 당신 가족이 먼저 천국에 갔다면 당신에게는 또 다른 가족이 있다. 그것은 하나님께서 교회 안에서 만나게 해주신 영적인 가족이다. 예수님을 믿는 자에게는 두 가지 가족이 있다. 육체적인 가족과 영적인 가족이다. 영적인 가족관계를 잘 유지하기 바란다. 그것이 우리의 삶을 풍요롭게 하고 행복하게 해준다.

한 동물학자가 원숭이 실험을 하였다. 원숭이를 조그마한 상자에 넣고 흔들고 불을 번쩍이고 시끄러운 소리를 듣게 하였다. 그 원숭이의 스트레스 수치가 백까지 올라갔다. 그다음에는 똑같이 원숭이를 그 상자에 넣고 흔들고 불을 번쩍이고 시끄러운 소리를 듣게 하면서 그 상자 안에 원숭이를 한 마리 더 넣어주었다. 그리고 조사를 해보니 스트레스 수치가 반으로 줄어 있었다. 이것이 함께하는 동행의 유익이다.

우리는 혼자 살 수 없다. 동행하는 가족이 있어야 한다. 특히 지금 하나님께서 나에게 주신 가족을 귀하게 여겨야 한다. 그 가족과 함께 행복을 누려야 한다. 당신은 살아 있는가? 그렇다면 가족과 함께 즐거움이 넘치는 삶을 살기 바란다. 매일 기쁨을 선택하라. 성경에서는 항상 기뻐하라고 명령한다. "항상 기뻐하라. …이것이 그리스도 예수 안에서 너희를 향하신 하나님의 뜻이니라"(살전 5:16-18).

시인 롱펠로는 인생은 메아리라고 말했다. 당신이 인생을 기쁘게 산다면 세상은 당신에게 기쁨으로 다가올 것이다. 당신이 인생을 우울하게 산다면 세상은 당신에게 우울로 다가올 것이다. 인생을 기쁘게 살 것인지 우울하게 살 것인지는 당신이 스스로 결정하는 것이다. 많은 사람이 나의 인생을 환경이 결정해준다고 생각하지만 그것은 잘못된 생각이다. 내가 살아 있는 자체에 감사하고 희망을 품고 기쁘게 산다면 세상의 모든 환경은 기쁨으로 바뀔 것이다. 불행을 행복으로 바꿀 수 있는 것은 돈이나 환경이 아니라 나의 생각에 달렸다. 당신이 살아 있다면 항상 기쁘게 살라. 행복하게 사는 것은 내가 정하는 것이다. 하루만 기쁘게 사는 것이 아니다. 항상 기쁘게 살아야 한다. 이것은 내가 선택하는 것이기도 하지만 성경의 명령이기도 하다.

당신이 믿음을 가진 자라면 내일 일을 염려하지 말고
믿음으로 말씀에 순종하여 항상 기뻐하라.
그것이 당신을 향한 하나님의 뜻이다. 하나님은
하나님의 자녀인 우리가 기쁘게 사는 것을 좋아하신다.

세상의 부모도 자녀가 행복하게 사는 것을 보고 즐거워한다. 하물며 세상의 부모보다 천배 만배 좋으신 하나님께서 우리가 즐겁게 살 때 얼마나 기뻐하시겠는가?

살아 있는 자는 열정적으로 살아야 한다

"네 손이 일을 얻는 대로 힘을 다하여 할지어다. 네가 장차 들어갈 스올에는 일도 없고 계획도 없고 지식도 없고 지혜도 없음이니라"(전 9:10). 솔로몬은 살아 있는 자는 "힘을 다하라"고 하였는데, 이는 열정적으로 살라는 뜻이다. 우리에게 할 일이 있다는 것은 특권이며 복이다. 우리에게 지금이라는 기회는 다시 오지 않는다. 인생은 흐르는 강물처럼 그냥 지나간다. 일이라는 것은 이 세상에서만 할 수 있는 은혜이다. 당신이 무슨 일을 하든 그 일을 열정적으로 하라. 그 열정은 하나님이 주신 기회를 가장 효과적으로 사용하는 것이다.

우리는 왜 열정적으로 살아야 하는가? 우리에게 주신 시간과 기회는 하나님이 주신 것이며, 그 시간과 기회는 언제 끝날지 모르기 때문이다. 인생은 모두 하나님의 손에 달려 있다. 삶은 예측 불가능하다. "분명히 사람은 자기의 시기도 알지 못하나니 물고기들이 재난의 그물에 걸리고 새들이 올무에 걸림 같이 인생들도 재앙의 날이 그들에게 홀연히 임하면 거기에 걸리느니라"(전 9:12). 이 말씀은 물고기가 언제 재난의 그물에 걸릴지, 새들이 언제 올무에 걸릴지 모르는 것처럼 인생에도 갑작스러운 재난과 죽음이 온다는 뜻이다. 그래서 우리는 하루하루를 하나님이 주신 최고의 기회로 알고 열정적으로 살아야 한다.

인도 캘커타 빈민촌에서 사역하던 마더 테레사는 정말 보통 사람들이 하기 어려운 궂은일을 하고 있었다. 그녀는 굶주림과 병마 속에 죽어가는 사람들을 따뜻하게 안아주고 씻겨주며 평안하게 죽을 수 있도록 보살펴주었다. 어떤 때는 시궁창 속에서 구더기가 온몸에 붙어 악취가 나는 사람을 씻길 때도 있었다.

어느 날, 마더 테레사에게 한 사람이 물었다.

"수녀님은 어떻게 그런 희생적인 삶을 사실 수가 있었습니까?"

그때 그녀는 짤막하게 대답했다.

"저는 하나님 손에 들려진 작은 몽당연필입니다."

몽당연필을 기억하는가? 어린 시절 연필이 소중했던 시대에 연필을 쓰다 보면 짧아져 몽당연필이 되었다. 이 몽당연필도 아까워 볼펜 빈 자루에 연결하여 마지막까지 아껴 사용했었다. 마더 테레사는 자신의 인생이 하나님의 손에 붙잡혀 몽당연필처럼 다 사용되기를 원했던 것이다.

오늘이 당신 인생의 마지막 날이라 해도 마지막 순간까지 하나님께 쓰임받는 열정적인 인생을 살기 바란다. 그렇다고 일 중독자가 되라는 뜻은 아니다. 일도 중요하지만 가족과 즐거워하는 것은 더 중요하다. 기쁨과 열정은 언제나 같이해야 한다.

루마니아의 격언 중에 이런 말이 있다. "하나님이 너를 뿌려 주신데서 꽃을 피우라." 이 말은 당신이 있는 그곳에서 지금 꽃을 피우라는 뜻이다. 즉 오늘을 열정적으로 살라는 의미다. 스스로 열정적으로 살기로 한 사람에게는 그 누구도 막지 못하는 위대한 일이 일어난다. 흔히 사람들은 자신에게는 좋은 기회가 오지 않는다고 세상을 원망한다. 강에 떠 있는 배를 보라. 똑같이 배가 강에 떠 있어도 바람에 떠내려가는 배가 있는가 하면 바람을 거슬러 올라가는 배도 있다. 이는 배에 탄 사람이 돛을 어떻게 사용하느냐에 달렸다.

황금 같은 기회는 지금 당신 주위에 서성이고 있다. 우리는 사소한 일에도 열정을 다해야 한다. 하나님께서 우리에게 주신 인생을 가장 잘 사용하는 방법은 지금 매 순간을 열정적으로 사는 것이다. 오늘 당신은 살아 있는가? 그렇다면 하나님께서 오늘 당신에게 할 일을 주셨다는 뜻이다. 당신에게는 아직 한 번도 풀어놓지 않은 위대한 일이 감추어져 있다. 그것은 당신이 열정적으로 살 때 드러나게 될 것이다.

또한 열정을 가진 사람은 쉽게 좌절하거나 절망하지 않는다. 열정을 가진 사람은 예상하지 못한 장애를 만나도 낙심하거나 좌절하지 않는다. 열정을 가진 사람은 장애물을 기회로 바꾼다. 열정을 가진 사람은 걸림돌을 디딤돌로 바꾼다. 열정을 가진 사람은 좌절을 수확으로 바꾼다. 열정을 가진 사람은 적을 친구로 바꾼다. 열정을 가지면 넘을 수 없는 산이란 없고 건너지 못할 강이란 없다. 열정을 가지면 그 어떤 것도 그를 멈추게 할 수 없다. 열정은 열악한 환경은 최선으로 바꾸어 놓는 힘이 있다. 열정을 가진 사람은 시간이 없어도 책을 쓴다. 열정을 가진 사람은 길을 가다가 막히면 길을 만들어서라도 계속 앞으로 나아간다. 열정은 당신 안에 감추어진 엄청난 능력이다. 그것이 당신에게 가장 큰 자산이다.

개미는 자기 몸무게의 25배나 되는 물건을 옮기는 열정이 있다. 바닷가에 사는 연어는 자신의 고향인 강으로 돌아가는데, 여기저기 찢기고 상처를 입어 지느러미는 해지고 온몸이 빨갛게 되어도 반드시 고향으로 돌아가려는 열정이 있다. 하나님은 이 지구상에 존재하는 모든 생물을 다 열정 있게 살도록 만드셨다. 그리고 하나님의 형상을 닮은 사람에게는 동물과는 다른 엄청난 열정을 심어놓으셨다. 열정은 당신 안에 감추어진 하나님의 능력이다.

열정은 마치 태양과 같다. 태양이 지면 세상의 모든 것이 어두워진다. 태양이 떠오르면 세상이 다 밝아진다. 모든 생물이 살아 움직이고 모든 식물이 살아난다. 열정은 태양처럼 잠자는 사람을 일으키고 시든 비전을 살아나게 한다. 열정을 가지면 당신 몸의 모든 세포가 살아 움직인다.

인생이 짧다는 것이 비극이 아니다. 열정도 없이 걱정만 하며 대충 살다가 죽는 것이 비극이다. 당신 안에는 열정적으로 살고자 하는 마음이 있다. 그 열정을 주시는 분이 바로 하나님이다. 당신은 지금 살아 있는가? 삶을 비관하거나 자신에 대해 불평하지 말고 열정적으로 살라. 그것이 인생을 행복하게 사는 비결이다. 전도서 9장에는 두 가지를 말한다. 살아 있는 사람은 희망이 있으니 인생을 즐겁게 살라는 것과 인생을 열정적으로 살라는 것이다.

영국 런던에 에드워드 모트라는 사람이 있었다. 그는 작은 선술집의 아들로 태어나 매일 술 취한 사람들의 싸움과 욕설 속에서 자랐다. 그는 집이 싫어서 십대의 나이에 집을 나왔다. 고아와 같이 의지할 곳이라고는 아무 데도 없었기에 가구공장에 들어가서 일할 수밖에 없었다. 일을 끝마치고 나서도 그를 따뜻하게 반겨줄 사람이 아무도 없었다. 그래서 그는 런던 거리를 이리저리 쏘다니기가 일쑤였다.

그러던 어느 날, 가구공장을 하는 목공소 주인을 만나 그 집에 머물게 되었다. 모토는 그 주인의 권유로 교회에 다니게 되었다. 어느 날 모트는 예배를 드리다가 목사님의 말씀을 듣고 깊은 은혜를 받았다. 세상에 믿고 의지할 사람이 아무도 없는 줄 알았는데 말씀을 통해서 예수 그리스도께서 함께하심을 알게 된 것이다.

그때부터 모트의 인생관이 달라졌다. 그는 억지로 못을 박는 직원이 아니었다. 그날부터 망치가 노래를 부르는 것 같았다. 마음 깊은 곳에서 기쁨이 샘솟았다. 그는 자신의 마음에 계시는 주님을 위해서 열심히 일했다. 그의 마음에 전에 몰랐던 열정이 넘쳤다. 그러다 보니

가구공장의 직공에서 사장까지 되었다. 하나님이 베풀어주신 사랑에 뜨거운 감격이 솟구쳤다. 성령께서 인도하시는 대로 연필을 들고 적어 내려갔다.

"이 몸의 소망 무엔가 우리 주 예수뿐일세.
우리 주 예수밖에는 믿을 이 아주 없도다.
굳건한 반석이시니 그 위에 내가 서리라.
그 위에 내가 서리라."

정말 예수님을 믿는 사람은 마음에 열정이 넘쳐야 한다.

>>> 솔로몬의 인생 수업 8

1. 당신이 살아 있다면 기쁘게 살라. 솔로몬은 예수님을 몰랐다.

   그래도 솔로몬은 기뻐하라, 기쁨의 옷을 항상 입으라고 말했다. 우리 안에는 죽음도 이기신 예수님이 계신다. 그러니 당연히 기뻐해야 한다. 거기에다 우리에게는 우리의 연약함을 늘 도우시는 성령님이 계신다. 그러니 어찌 기뻐하지 않을 수 있겠는가! 기쁨은 우리 그리스도인의 의무이다. 인생은 하나님이 우리에게 주신 선물이다. 그 선물을 기쁘게 받고 즐거워해야 한다. 만약 그 선물을 기쁘게 받지 않고 즐기지 않는다면 하나님을 모독하는 일이 된다. 하나님이 주신 선물을 기쁘게 받고 즐거워한다면 당연히 감사하며 살아야 한다.

   "이날은 여호와께서 정하신 것이라.
   이날에 우리가 즐거워하고
   기뻐하리로다"(시 118:24).

2. 당신이 지금 살아 있다면 열정적으로 살으라.

   오늘, 열정적으로 살으라. 사람은 열정적으로 살 때 행복하다. 사람은 열정적으로 살 때 후회하지 않는다. 삶을 두려워하지 말라. 우리의 인생은 하나님의 손에 있다. 그러므로 기뻐하며 열정적으로 살으라.

지혜로운 자의 마음과 말을 경청하라

전도서 10~11장은 서술적인 진술보다는 잠언과 같이 좋은 격언으로 구성되어 있다. 10장에서는 특별히 지혜자와 우매자를 대조해서 기록하고 있다. 지혜자는 5번 등장하고 우매자는 9번 등장한다. 전도서 10장에 나오는 지혜자의 마음과 말에 대해 살펴보자.

아메리카 인디언 설화에서 유래한 아주 오래된 이야기가 있다. 한 용감한 인디언이 독수리가 낳은 알 한 개를 발견했다. 그는 그 알을 가지고 집에 와서 닭장에 갖다 놓았다. 암탉은 자신의 알과 독수리 알을 구별하지 못하고 같이 품었다. 마침내 독수리 알에서 독수리가 부화되었다. 평생 닭으로 태어나 닭으로 살았던 독수리는 자신이 닭인 줄 알고 다른 닭들과 똑같은 행동을 하였다. 씨앗과 벌레를 먹기 위해 흙을 긁으며 팠고, 목소리도 꼬꼬 하고 닭소리를 냈다. 가끔은 큰 날개를 펴서 퍼덕이기는 했지만 덩치만 컸지 영락없이 닭이었다.

여러 해가 지났다. 어느 날 구름 한 점 없는 하늘에서 자기 머리 위로 아주 높게 떠 있는 큰 새를 보았다. 강한 바람에도 끄떡하지 않고 황금빛 날개를 퍼덕이며 높이 떠오르는 웅장한 새였다. 그는 그 큰 새를 쳐다보며 "어쩌면 저렇게 멋있는 새가 있을까?" 하며 중얼거리다가 옆에 있는 닭에게 물었다.

"저 새는 뭐지?"

"저 새는 독수리야, 새 중에 왕이지. 너는 저 새를 쳐다보지도 마. 너는 결코 저 새처럼 날 수도 없는 닭이니까."

그리하여 닭 사이에서 닭처럼 살아가는 그 덩치만 큰 독수리는 다시는 날 생각을 하지 않았다. 그는 평생 자기가 닭이라고 믿다가 죽었다.

참 비극적이고 슬픈 이야기다. 이 독수리는 공중의 왕으로 태어났고 하늘을 높이 날 수 있는 큰 날개가 있음에도 그 날개를 펴서 높은 창공을 한 번도 날아보지 못했다. 그저 닭처럼 땅이나 파면서 벌레나 먹고살다가 닭소리만 흉내 내다 죽었다. 우리는 세상 사람들처럼 평범하게 이 땅의 것만 찾으며 살도록 창조된 자가 아니다. 우리는 땅에 발을 딛고 있어도 하늘의 것을 바라보고 하늘을 날아야 할 탁월한 자로 창조되었다. 평범한 자와 탁월한 자의 차이는 능력이나 가진 것이나 환경이 아니라 마음에 있다. 당신은 결코 초라하게 태어나지 않았다. 당신의 가치는 당신이 생각하는 것보다 훨씬 더 중요하다. 가치는 누가 만들었느냐에 따라 결정된다.

렘브란트의 그림이나 피카소의 그림은 어떤 것이든 그 가격이 몇 억을 넘는다. 왜냐하면 유명한 화가의 그림이기 때문이다. 당신을 누가 설계하고 누가 만들었는가? 바로 하나님이시다. 당신은 메이드 인 갓(Made in God)이다. 그 사실 하나만으로도 당신은 가치 있는 존재이다. 당신은 이 세상에 하나밖에 없는 유일한 존재이다. 당신과 같은 사람은 이 세상에 아무도 없고 앞으로도 영원히 없을 것이다. 자신에 대해 자존감을 가지라. 그리고 당신 자신을 사랑하라. 자기 자신을 사랑하지 않는 사람은 결코 남도 사랑할 수 없다.

"나는 왜 이렇게 못났어."

"나는 되는 일이 없어."

"또 실수했네. 내가 하는 일이 늘 그렇지 뭐."

이런 자학과 열등감은 사탄이 당신을 망하게 하려고 속삭이는 것이다. 이런 속삭임은 당신이 결코 탁월한 삶을 살지 못하게 방해하는 장애물이다.

당신이 아무리 큰 실수를 해도 여전히 당신은 가치 있는 존재이며, 하나님의 소중한 자녀이다. 하나님은 당신을 창조하실 때 이미 당신이 실수할 것을 알고 계셨다. 당신이 아무리 큰 실수를 해도 하나님은 여전히 당신을 기대하고 계신다. 하나님은 당신을 망하게 하려고 창조하지 않으셨다. 수많은 실수에도 불구하고 다시 일어나 하나님의 자녀로 살기 원하신다. 지금 당신이 실수했어도 괜찮다. 지금 당신이 큰 실패를 했어도 괜찮다. 하나님은 당신을 이 세상을 다스리는 승리자로 창조하셨다. 당신이 무슨 일을 당했어도, 아무리 큰 실수를 했어도 당신이 하나님의 자녀라는 신분은 변하지 않는다. 100만 원짜리 수표는 아무리 구겨져도, 심지어 사람들의 발에 밟혀도 여전히 100만 원의 가치를 지니고 있다. 마찬가지로 당신의 가치는 지금의 실수와는 상관없이 언제나 불변하다.

그러므로 무엇보다도 마음을 지키라. "모든 지킬 만한 것 중에 더욱 네 마음을 지키라. 생명의 근원이 이에서 남이니라"(잠 4:23). 스스로 당신 자신을 공격해서는 안 된다. 세상의 모든 전쟁은 이 한 뼘도 되지 않는 마음에서 일어난다. 당신은 자신 있게 인생을 살라고 창조된 하나님의 자녀이다. 당신은 이 세상을 변화시킬 하나님의 자녀이다. 당신은 하나님의 자녀이기에 하나님의 모든 능력이 당신에게 있다. 약한 마음 가져서는 안 된다. 당신은 하나님의 가장 소중한 보물이다. "네가 내 눈에 보배롭고 존귀하며 내가 너를 사랑하였은즉"(사 43:4).

당신 주위 사람들의 말을 듣기보다 하나님의 말씀을 믿으라. 하나님이 당신을 보배롭고 존귀한 자라고 말씀하신 이 말씀을 믿고 당신자신을 학대하지 말라. 인생을 실패한 대부분의 사람들은 못난 자신만 생각하고 부정적인 인생을 산 사람들이다.

> 하나님은 당신이 행한 지금의 모든 실수와 연약함을
> 다 아시고 당신을 선택하셨다. 하나님은 당신의 과거
> 당신의 현재를 다 아시고 당신을 선택하셨다.

하나님은 당신을 귀히 여기시고, 당신을 통해 하나님의 선한 일을 이루실 것이다. "우리는 그가 만드신 바라. 그리스도 예수 안에서 선한 일을 위하여 지으심을 받은 자니"(엡 2:10). 인생에서 가장 중요한 것은 바로 마음이다. "나는 존귀한 자다. 나는 하나님의 소중한 자녀이다. 나는 정말 귀한 존재이다. 나는 내가 생각하는 것보다 훨씬 중요한 존재이다. 나는 나를 위해 예수님께서 대신 죽어주실 만큼 소중한 존재이다. 나는 예수님의 생명과 맞바꾼 소중한 존재이다."

예수님을 믿는 하나님의 자녀임에도 불구하고 마치 자신이 닭인 줄 알고 땅이나 파는 독수리처럼 초라하게 사는 그리스도인이 너무 많다. 당신이 지금 세상을 지배하는 큰 능력의 사람이 되지 않았다고 해서 당신에게 하나님의 능력이 없는 것이 아니다. 당신에게는 아직 한 번도 사용하지 않은 하나님의 능력이 있다. 이것을 믿는 사람은 마음에 기대가 가득하고 자존감이 높다. 이것을 믿지 않는 자는 열등감과 두려움이 가득하다. 외모를 바꾸려 하지 말고 생각을 바꾸고 마음을 바꾸라.

프랑스의 유명한 철학자인 데카르트는 "크게 믿어라. 인생은 당신이 생각하고 그린 대로 이루어진다"라고 말했다. 나는 목회를 하면서 탁월한 삶을 사는 사람들의 공통점을 보았다. 탁월한 삶을 사는 사람은 언제나 생각이 긍정적이고, 평범한 삶을 사는 사람은 생각이 늘 부정적이다. 지혜로운 사람은 마음을 잘 다스리고, 우둔한 사람은 마음을 아무렇게나 내버려둔다. 사람의 성공 열쇠는 바로 생각, 즉 마음에 달려 있다.

솔로몬은 마음의 중요성을 일찍 깨달았다. 그래서 잠언에서 무엇보다 마음을 지키라고, 마음이 곧 그 사람이라고 강조하였다. "모든 지킬 만한 것 중에 더욱 네 마음을 지키라. 생명의 근원이 이에서 남이니라"(잠 4:23). "대저 그 마음의 생각이 어떠하면 그 위인도 그러한즉"(잠 23:7). 이런 글을 읽으면 "내 마음은 나도 모릅니다. 목사님 내 마음이 내 마음대로 안 됩니다"라고 말하는 사람이 있다. 이제 그런 말은 하지 말라. 마음을 다스리라. 마음이 우울한 사람은 우울한 인생을 살고, 마음이 행복한 사람은 행복한 인생을 산다. 마음이 우울한 사람은 독수리처럼 날 수 있는 날개를 자기 스스로 꺾은 자이다. 마음이 우울한 사람은 승리할 수 있는 엔진을 스스로 망가뜨린 사람이다. 지혜로운 인생을 사는 사람은 마음이 다르다.

지혜로운 자는 마음이 오른쪽에 있다

"지혜자의 마음은 오른쪽에 있고 우매자의 마음은 왼쪽에 있느니라"(전 10:2). 지혜로운 사람의 마음이 오른쪽에 있다는 말은 주의 깊게 생각할 필요가 있다. 성경에서 오른편이라는 것은 하나님의 보호하심, 하나님의 인도하심, 하나님의 능력을 상징한다. "내가 여호와를 항상 내 앞에 모심이여 그가 나의 오른쪽에 계시므로 내가 흔들리지 아니하리로다"(시 16:8). "주의 오른쪽에 계신 주께서 그의 노하시는 날에 왕들을 쳐서 깨뜨리실 것이라"(시 110:5). "여호와는 너를 지키시는 이시라. 여호와께서 네 오른쪽에서 네 그늘이 되시나니"(시 121:5). "두려워하지 말라. 내가 너와 함께함이라. 놀라지 말라. 나는 네 하나님이 됨이라. 내가 너를 굳세게 하리라. 참으로 너를 도와주리라. 참으로 나의 의로운 오른손으로 너를 붙들리라"(사 41:10).

반면에 왼편은 악한 것을 상징한다. "양은 그 오른편에 염소는 왼편에 두리라"(마 25:33). "또 왼편에 있는 자들에게 이르시되 저주를 받은 자들아 나를 떠나 마귀와 그 사자들을 위하여 예비된 영원한 불에 들어가라"(마 25:41).

지혜로운 자는 머리가 좋은 사람이 아니라 마음에 올바른 생각을 가득 채우는 사람이다. 마음은 생각이 모여 있는 밭이다. 솔로몬이 인생 말년에 깨달은 지혜자는 마음이 오른쪽에 있는 자였다. 지혜로운 자는 무슨 일을 만나도 머릿속에 하나님의 보호하심과 인도하심, 하나님의 능력을 생각한다. 그래서 마음이 늘 평안하다.

가나안 땅을 눈앞에 두고 파송한 정탐꾼 이야기를 기억하라. 열두 명의 정탐꾼이 가나안 땅에 들어갔다가 나와서 한 보고는 두 패가 완전히 달랐다. 먼저 열 명의 정탐꾼은 가나안 땅은 과연 젖과 꿀이 흐르는 비옥한 땅이라고 하면서도 그 땅 사람들이 얼마나 큰지, 그 성은 얼마나 견고한지 우리는 스스로 보기에도 메뚜기 같은 초라한 존재라며 부정적인 보고를 했다. 반면에 여호수아와 갈렙은 "저들은 우리들의 밥이라"고 말하며 긍정적인 보고를 하였다.

무슨 차이인가? 열 명의 정탐꾼은 불가능을 보았다. 대부분의 평범한 사람들은 눈에 보이는 대로 생각하고, 눈에 보이는 대로 말한다. 그들은 문제만을 보고 문제를 해결한 능력이 없다고 생각한다. 문제 앞에 작아진다. 문제를 보고 두려워한다. 문제보다 크신 하나님을 바라보지 못한다. 그러나 여호수아와 갈렙은 마음이 달랐다. 그들도 똑같이 키 큰 아낙 자손과 가나안 사람과 견고한 여리고 성을 보았다. 그러나 여호수아와 갈렙의 마음은 하나님의 보호하심, 하나님의 능력을 바라보았다. 그들의 마음은 하나님의 도우심으로 가득했다.

우리 인생에 나타나는 문제는 문제가 아니다. 그 문제를 바라보는 마음이 문제이다. 문제가 생길 때 문제를 확대하지 말고 하나님을 확대해야 한다. 마음의 상태는 평상시에도 드러나지만 어려울 때 더 잘 나타난다. 어려울 때 마음을 오른쪽에 두어야 한다. 어려울 때 마음을 하나님께 던져야 한다. 어려울 때 마음을 악한 것에 주지 말아야 한다. 어려울 때 마음을 저주에 던지지 말아야 한다. 많은 사람이 어려울 때, 일이 잘 안 풀릴 때 낙심하고 끝없이 부정적인 생각을 한다. 위대한 인생을 산 사람들은 먼저 위대한 마음을 품었다. 마음에 이김을 생각하는 사람은 창조적인 아이디어가 쏟아져 나오고 승리의 생각이 가득 찬다. 솔로몬은 그 승리의 생각을 가지려면 어떻게 해야 하는지 구체적으로 가르쳐준다. 그것은 오른쪽으로, 하나님께로 마음을 던지는 것이다.

당신의 인생에 홍해가 나타나면 하나님께서 생각지도 않은 길을 내셔서 도우실 것이다. 당신의 인생에 골리앗이 나타나면 하나님께서 순식간에 골리앗을 물리치도록 기회를 주실 것이다. 당신의 인생에 거대한 여리고 성이 나타나도 하나님께서 순식간에 여리고 성을 무너뜨리실 것이다. 어려울 때 당신의 마음을 하나님께 던지고 승리를 먼저 생각하라. 하나님은 광야에 길을 내신다. 하나님은 사막에 강을 내신다.

"보라. 내가 새 일을 행하리니 이제 나타낼 것이라. 너희가 그것을 알지 못하겠느냐. 반드시 내가 광야에 길을 사막에 강을 내리니"(사 43:19).

무슨 일을 만나도 패배와 절망과 낙심과 두려움과 우울을 받아들이지 말라. 다윗은 사망의 음침한 골짜기를 만나도 두려움을 받아들이

지 않고, 오른쪽에서 하나님의 능력을 바라보았다. "내가 사망의 음침한 골짜기로 다닐지라도 해를 두려워하지 않을 것은 주께서 나와 함께 하심이라. 주의 지팡이와 막대기가 나를 안위하시나이다"(시 23:4).

다윗은 상황이 아무리 나빠도 그의 마음에 두려움을 초대하지 않았다. 그는 하나님의 보호하심과 도우심을 생각했다. "천만인이 나를 에워싸 진 친다 하여도 나는 두려워하지 아니하리이다"(시 3:6). 다윗이 어떻게 골리앗과 싸울 수 있었는가? 바로 이런 마음이 있었기 때문이다.

아침에 일어나 하루를 시작할 때 얼굴만 씻으려고 하지 말고, 먼저 마음을 새롭게 하라. 베드로 사도는 우리에게 이렇게 조언한다. "그러므로 너희 마음의 허리를 동이고 근신하여 예수 그리스도께서 나타나실 때에 너희에게 가져다주실 은혜를 온전히 바랄지어다"(벧전 1:13). 오늘을 승리하는 하루가 되게 하려면 마음의 허리를 단단히 조이고, 오늘 당신에게 베풀어주실 은혜를 온전히 바라보아야 한다. 하루를 출발할 때 부정적인 생각, 실패할 생각, 우울한 생각, 악한 생각, 초라한 생각, 열등감, 두려운 생각을 다 버리고, 오늘 베풀어주실 은혜만을 생각하라.

큰 비행기가 참새 몇 마리 때문에 대형 사고가 났다는 보도를 들어보았는가? 참새 몇 마리가 비행기 프로펠러에 감겨 들어가면 그 큰 비행기가 추락한다. 그래서 공항에서는 가끔 참새 잡는 사냥꾼들이 참새를 총으로 쫓아낸다. 아무리 큰 비행기라도 조그마한 참새 한 마리 때문에 추락한다. 당신에게 하나님의 큰 능력이 있다 해도 부정적인 생각, 나쁜 생각을 받아들인다면 하나님이 주신 큰 능력을 한 번도 사용하지 못하고 초라한 인생으로 끝날 것이다. 그러므로 우리는 늘 마음을 긍정적으로 지켜야 한다. 무엇보다 생각을 바로 해야 한다. 오른쪽 생각은 저절로 생기지 않는다. 오른쪽을 생각하는 노력과 훈련과 실천이 필요하다.

아침에 일어나자마자 무슨 생각을 하는가? 오른쪽 마음을 가지고 오른쪽 생각을 하라. 당신이 지혜로운 인생을 살기 원한다면 무엇보다 마음부터 바꾸라.

하나님은 나를 도우신다. 하나님은 나를 보호하신다.
하나님은 나를 인도하신다. 하나님은 내 편이시다.
오늘도 하나님은 나에게 은혜를 베풀어주신다.
나는 하나님의 존귀한 자이다. 그래서 나는 이긴다!

외우자. 입에 붙어 있기 바란다. 오른쪽에 마음을 던지고 이기는 생각을 하라. 플러스 생각을 하라. 긍정적인 생각을 하라. 승리의 마음을 가진 자가 세상을 리드한다.

지혜로운 자는 은혜로운 말을 한다

"지혜자의 입의 말들은 은혜로우나 우매자의 입술들은 자기를 삼키나니"(전 10:12). 인생을 지혜롭게 사는 자는 하나님의 도우심을 생각하고 은혜로운 말을 한다. 솔로몬은 이미 잠언에서 말의 중요성을 기록하였다. "죽고 사는 것이 혀의 힘에 달렸나니 혀를 쓰기 좋아하는 자는 혀의 열매를 먹으리라"(잠 18:21). 죽는 말을 하는 자는 죽게 되어 있고, 사는 말을 하는 자는 살게 되어 있다. 사람은 말한 대로 열매를 먹게 된다. 말이 왜 그렇게 중요한가? 말은 하나님께서 들으시기 때문이다. 또 말은 자신이 가장 먼저 듣게 되기 때문이다. 아무리 몸이 아파도 나는 청년처럼 뛰게 된다고 말하는 사람은 반드시 뛰게 된다.

얼마 전에 뇌수술 권위자가 TV에 나와서 인터뷰하는 것을 보았다. 그 의사는 뇌의 핏줄이 터져 하반신이 마비되고 언어 신경을 잃어버린 환자도 자신이 반드시 말할 수 있다고 생각하는 사람은 말을 하게 되고, 반드시 걸을 것이라고 생각하는 사람은 걷게 된다고 하면서 환자의 생각만큼 회복된다고 말하였다. 이것은 이미 3천 년 전에 솔로몬이 한 말이다. 사람은 혀의 열매를 먹게 되어 있다.

솔로몬은 이제 인생 황혼기에 전도서를 기록하면서 말의 중요성을 강조한다. 그는 지혜로운 자는 은혜로운 말을 한다는 것을 깨달았다. 당신은 생각나는 대로 내뱉지 않도록 주의해야 한다. 나오는 대로 말하지 않도록 조심해야 한다. "우매한 자는 말을 많이 하거니와 사람은 장래 일을 알지 못하나니 나중에 일어날 일을 누가 그에게 알리요"(전 10:14). 어리석은 자는 생각나는 대로 말하고, 말을 많이 한다. 당신이 지혜로운 사람이 되려면 말을 많이 하려고 하지 말고, 은혜로운 말을 해야 한다.

예수님은 언제나 은혜로운 말씀을 하셨다. "그들이 다 그를 증언하고 그 입으로 나오는 바 은혜로운 말을 놀랍게 여겨 이르되 이 사람이 요셉의 아들이 아니냐"(눅 4:22). 사도 바울은 우리에게 은혜로운 말을 하라고 권면하였다. "너희 말을 항상 은혜 가운데서 소금으로 맛을 냄과 같이 하라. 그리하면 각 사람에게 마땅히 대답할 것을 알리라"(골 4:6).

당신의 인생을 바꾸길 원하는가? 그렇다면 먼저 말을 바꾸라. 말만 바꾸면 인생이 확 달라진다. 불평하지 말고 감사하고, 비판하지 말고 축복하며, 험담하지 말고 칭찬하라. 그리고 염려의 말 대신 가슴 벅찬 기대의 말을 하라. 솔로몬은 지혜로운 사람은 은혜로운 말을 한다는 조언으로 전도서 10장을 마치면서, 다시 윗사람에 대한 말을 조심하라고 당부한다. "심중에라도 왕을 저주하지 말며 침실에서라도 부자를 저주하지 말라. 공중의 새가 그 소리를 전하고 날짐승이 그 일을 전파할 것임이니라"(전 10:20).

당신이 인생을 살면서 절대로 하지 말아야 할 말이 있는데, 그것은 특히 윗사람에 대한 험담이다. 당신이 회사원이면 절대로 당신의 직장상사나 사장을 욕하는 불만 파티에 참석하지 말라. 당신이 농담이라도 사장을 욕한다면 당신은 절대로 그 회사의 사장 자리에는 오르지 못할 것이다. 당신이 부자를 욕하면 절대로 부자가 되지 못할 것이다. 왜냐하면 하나님께서 당신이 하는 말을 다 들으시기 때문이다.

하나님은 말씀으로 천지를 창조하셨다. 하나님의 자녀인 우리에게도 말의 힘이 있다. 그러기에 우리는 은혜로운 말을 해야 한다. 은혜로운 말을 무슨 말인가? 예수님께서 눈먼 자의 눈을 뜨게 하고, 포로 된 자와 눌린 자를 자유롭게 한다는 말씀을 하셨을 때 그 주위에 있는 자들이 은혜로운 말씀이라고 하였다. 은혜로운 말은 살리는 말이고 세우는 말이며, 치유하는 말이고 격려하는 말이다.

"당신은 잘될 것입니다."

"당신에게는 좋은 일이 생길 것입니다."

"당신의 미래는 분명 더 좋아질 것입니다."

"당신은 소중한 사람입니다."

당신 스스로에게도 은혜로운 말을 하라.

"나는 하나님의 사랑을 받은 자입니다."

"나는 오늘도 하나님의 큰 은혜를 받을 것입니다."

"나는 잘될 것입니다."

나쁜 말을 하지 않으려고 노력하기보다 좋은 말을 하려고 노력하라. 당신의 입술로 세우는 말, 좋은 말, 은혜로운 말만 하면 된다. 당신의 인생에 하나님의 큰 은혜가 부어지길 원하는가? 그렇다면 은혜를 기대하는 말을 하기 바란다. 기적은 오늘 하나님의 은혜가 부어진다고 말할 때 하늘에서 풀리기 시작한다. 말은 하나님의 기적을 담는 그릇이다.

말의 중요성은 솔로몬만 말한 것이 아니다. 예수님도 우리의 앞길을 가로막는 산이 나타나면 산에게 바다에 던져지라고 말하고 믿으면 그대로 된다고 가르쳐주셨다. "내가 진실로 너희에게 이르노니 누구든지 이 산더러 들리어 바다에 던져지라 하며 그 말하는 것이 이루어질 줄 믿고 마음에 의심하지 아니하면 그대로 되리라"(막 11:23). 당신을 가로막고 있는 산이 얼마나 큰지 말하지 않아도 된다. 그 산이 얼마나 오랫동안 당신의 앞길을 가로막고 있었는지 말하지 말고, 그냥 믿음으로 그 산이 없어지라고 부르짖으라. 기적이 일어나기 전에 먼저 믿음으로 말하는 것이 중요하다. 믿음이 없는 자는 절대로 말로 표현할 수 없다. 속으로만 생각하는 것은 힘이 없다. 말을 해야 한다. 말이 곧 믿음이다. 아침에 눈을 뜨자마자 기대가 넘치는 말을 하라.

한 신문기자가 빌 게이츠에게 성공의 비결이 무엇이냐고 묻자, 그는 아침마다 거울을 보며 외치는 두 마디의 말이라고 대답했다.

"오늘은 왠지 좋은 일이 생길 것 같다!"

"나는 할 수 있다!"

빌 게이츠는 자신이 말한 대로 큰 은혜를 받았다.

앞에서 빌 게이츠가 했던 말은 성경에 다 나오는 말이다. 사도 베드로는 오늘 은혜가 부어질 것을 말하라고 하였다.

예수님은 "할 수 있거든이 무슨 말이냐. 믿는 자에게는 능히 하지 못할 일이 없느니라"(막 9:23)고 말씀하셨다. 당신의 인생을 정말 지혜롭게 살기를 원한다면 말을 바꾸라. 조그만 방향키가 배 전체의 방향을 바꾸듯이 우리의 말도 우리 삶의 방향을 좌지우지한다. 원망의 말, 신세타령의 말, 분노의 말, 공격의 말, 할 수 없다. 안 된다는 부정적인 말을 하지 말고, 살리는 말, 세워주는 말, 할 수 있다는 말, 축복의 말, 은혜가 부어지는 말을 하라.

나의 아내는 강의하러 갈 때 "여보, 나 오늘 기적을 만들러 갑니다" 하고 나간다. 참 듣기 좋은 말이다. 정말 아내가 강의하기만 하면 사람들이 은혜를 받고 변화되는 역사가 일어난다. 은혜가 되는 말을 하면 은혜가 부어진다. 그런데 우리의 생각과 말을 바꾸는 것이 금방 쉽게 이루어지는 게 아니다. 왜냐하면 평생 부정적인 생각과 부정적인 말을 해왔기 때문이다. 그래서 의도적으로 마음을 새롭게 해야 한다.

우울한 마음을 가지고 있으면 아프다, 죽고 싶다, 못 살겠다는 말이 나온다. 두려운 마음을 가지고 있으면 염려, 근심, 걱정의 말이 나온다. 억울한 마음을 가지고 있으면 분노, 원망, 공격적인 말이 나온다. 우리 마음에 있는 모든 부정적인 생각을 예수 그리스도의 보혈로 깨끗이 치유해야 한다. 예수님의 보혈은 모든 어두움과 우울과 슬픔, 분노와 아픔을 다 깨끗하게 씻어준다. "그 아들 예수의 피가 우리를 모든 죄에서 깨끗하게 하실 것이요"(요일 1:7). "생명이 피에 있으므로 피가 죄를 속하느니라"(레 17:11).

예수님의 보혈은 모든 마음을 다 깨끗하게 해주신다. 매일 아침 예수의 보혈로 샤워하고 자신감이 넘치는 말, 은혜가 부어지는 말을 하자. 승리의 인생을 살게 될 것이다. 당신은 흙이나 파고 벌레나 주워 먹는 닭이 아니다. 창공을 다스리며 바람을 즐기는 독수리다. 우울한 날개를 펴라. 접어둔 날개를 활짝 펴고, 세상을 다스리는 자로 살라.

1. 지혜로운 사람은 마음이 오른쪽에 있다.

마음이 오른쪽에 있다는 말은 무슨 일을 하든 마음이 늘 긍정적이고 적극적이며 창
조적이라는 뜻이다. 스스로 작아지지 말라. 내일에 대해 긍정적으로 생각하고 기대
하며 살라. 당신이 인생을 진짜 지혜롭게 살길 원한다면 문제를 보고 작아지지 말고
기대를 가지라. 당신이 지혜로운 인생을 살기 원하면 무엇보다 마음부터 바꾸라.

하나님은 나를 도우신다. 하나님은 나를 보호하신다.
하나님은 나를 인도하신다. 하나님은 내 편이시다.
오늘도 하나님은 나에게 은혜를 베풀어주신다.
나는 하나님의 존귀한 자이다. 그래서 나는 이긴다!

외우자. 입에 붙어 있기 바란다.
오른쪽에 마음을 던지고 이기는 생각을 하라.
플러스 생각을 하라.
긍정적인 생각을 하라.
승리의 마음을 가진 자가 세상을 리드한다.

2. 지혜로운 자는 은혜로운 말을 한다.

한 사람 인생의 실패와 성공을 알아보려면 그 사람의 말을 보면 안다. 지금 은혜를 말하는 자는 성공하는 인생을 살 것이고, 지금 우울과 슬픔과 상처를 말하는 자는 실패하는 인생을 살게 될 것이다. 당신은 성공하는 인생을 살고 싶은가? 그렇다면 모든 우울의 마음을 접고, 당신도 빌 게이츠처럼 오늘 좋은 일이 생길 것 같다는 기대의 말을 하라.

모든 것을 내려놓고 주는 자로 살라

전도서는 총 2부로 되어 있다. 1~6장은 인생 허무를 말하고, 7~12
장은 인생의 허무를 아는 자는 어떻게 살아야 하는지를 말하고 있다.
7장에서는 하루하루를 진지하게 살면서 최고의 날이 되도록 하라고
하며, 8장에서는 인생의 권위자와 관계를 좋게 하라고 말한다. 9장에
서는 살아 있는 자에게는 희망이 있으니 즐겁게 살라고 말하고, 10장
에서는 지혜로운 자가 되려면 마음을 오른쪽에 두고 항상 하나님을
의지하며 살라고 말한다. 이제 11장에서는 나누는 인생을 살라고 말
한다.

솔로몬은 말한다. "너는 네 떡을 물 위에 던져라. 여러 날 후에 도로
찾으리라"(전 11:1). 떡은 식탁 위에 놓아야지 물 위에 던지는 것이 아

니다. 그런데 왜 떡을 물 위에 던져야 할까? 이것은 중동에 오래전부터 내려오는 속담이다. 이 속담은 아마 솔로몬이 어릴 때 아버지 다윗에게서 들었을 것이다. 이 속담에는 재미있는 이야기가 전해 내려온다.

바그다드에서 한 왕이 왕자와 함께 사냥을 나갔다가 그만 왕자를 잃어버렸다. 왕자는 홀로 사냥을 하다가 강물에 휩쓸려서 실종된 것이다. 왕은 군대를 총동원해서 온 힘을 다해 아들을 찾았지만 찾을 수가 없었다. 왕은 자기 아들이 죽은 줄로만 알고 크게 낙심하였다.

그런데 몇 주가 지난 후, 뜻밖에 강의 어느 바위에서 아들을 발견하게 되었다. 왕은 아들에게 강에 솟아 있는 조그마한 바위에서 어떻게 몇 주 동안 살 수 있었는지 물었다. 왕자는 자신이 바위에 걸려 의식을 되찾았을 때 아침, 저녁으로 빵이 들어 있는 가죽 주머니가 떠내려 왔다는 것이었다. 왕자는 그 빵으로 연명하며 지낼 수 있었으며, 그 주머니에는 '모하메드 핫산'이라는 이름이 적혀 있었다는 것이다.

왕은 즉시 그 주머니 주인을 찾았다. 정말 왕자가 살아난 강 상류에 모하메드 핫산이라는 사람이 살고 있었다. 왕은 그 사람을 불러 어떻게 그런 일을 하게 되었는지 물었다. 그러자 핫산은 오래전부터 내려오는 속담, "네 떡을 물 위에 던지라. 그리하면 여러 날 후에 찾으리라"는 말대로 행한 것밖에 없다고 겸연쩍어했다. 그 말을 들은 왕은 그에게 후한 상을 내렸다.

당신의 빵을 냉장고에 깊이 넣지 말라. 말라버릴 것이다. 당신의 빵을 찬장에 넣어 계속 보관하지 말라. 곰팡이가 필 것이다. 할 수만 있다면 가난한 자에게 자선을 베풀라. 그러면 후에 도로 찾게 될 것이다. 솔로몬은 전도서를 끝내면서 마지막으로 나누고 베푸는 것의 중요성을 말하고 있다. 그는 이미 젊은 날에 쓴 잠언에서도 이 선행의 복을 여러 번 말했다.

"가난한 자를 불쌍히 여기는 것은 여호와께 꾸어 드리는 것이니 그의 선행을 그에게 갚아주시리라"(잠 19:17). "네 손이 선을 베풀 힘이 있거든 마땅히 받을 자에게 베풀기를 아끼지 말며"(잠 3:27). "구제를 좋아하는 자는 풍족하여질 것이요 남을 윤택하게 하는 자는 자기도 윤택하여지리라"(잠 11:25). "이웃을 업신여기는 자는 죄를 범하는 자요 빈곤한 자를 불쌍히 여기는 자는 복이 있는 자니라"(잠 14:21).

이런 솔로몬의 잠언은 신명기에 나오는 말씀에 근거하고 있다. "너는 반드시 그에게 줄 것이요 줄 때에는 아끼는 마음을 품지 말 것이니라. 이로 말미암아 네 하나님 여호와께서 네가 하는 모든 일과 네 손이 닿는 모든 일에 네게 복을 주시리라"(신 15:10).

성경은 나누는 사람, 베푸는 사람에게는 반드시 갚아주신다고 말하고 있다. 현대인은 복받는 것은 좋아하면서도 복받을 수 있는 행동은 하지 않는다. 복받는 비결은 내가 먼저 내놓는 것이다. 선행은 마치 마중물과 같다.

수도가 있기 전에는 동네마다 펌프가 있었다. 펌프질을 하기 위해

서는 먼저 마중물을 부어야 한다. 마중물을 부으면 그 물이 공기를 차단하여 땅속에 있는 지하수를 끌어올려 나오게 한다. 우리가 풍성한 삶을 살지 못하는 이유는 나 자신만을 위해 살려고 하는 이기주의 때문이다. 내 것만 생각하는 이기주의는 비참한 삶을 살게 만든다.

당신은 하나님이 주시는 풍성한 복을 누리길 원하는가?
그렇다면 당신의 떡을 물 위에 던져야 한다.

내 떡을 물 위에 던지는 것은 어리석은 행동인 것처럼 여겨질 것이다. 사람은 이상하게 나를 위해 살면 살수록 우울해지고 외로워지며 불만이 가득 차게 된다. 그런데 남을 위해 베풀면 베풀수록 행복해지고 기쁨이 밀려오며 감사가 넘치게 된다. 사람은 원래 돕는 자로 창조되었다. 세상의 모든 사람이 서로 돕는 자로 창조되었다. 당신의 꿈만 이루려 하지 말고 남의 꿈을 이루어주라. 그러면 하나님께서 당신의 꿈도 이루게 해주실 것이다. 요셉이 감옥에서 남의 꿈을 해석해주고 남의 꿈을 도와주었는데 그 사람이 요셉의 꿈을 이루게 해주었다.

지금 외로운가? 다른 사람의 외로움을 도와주라. 지금 돈 문제로 골치 아픈가? 주위에 돈이 없어 가난하게 사는 자를 몸으로 도우라. 지금 자녀문제로 골치 아픈가? 교회에 있는 아이들을 도우라. 당신이 남을 도우면 하나님께서 당신을 도우실 것이다.

다시 전도서 11장 2절 말씀을 보자. "일곱에게나 여덟에게 나눠 줄

지어다. 무슨 재앙이 땅에 임할는지 네가 알지 못함이니라." 이스라엘 사람에게 일곱이라는 숫자는 완전수이다. 나누어주되 일곱에게 나누어주라는 것은 완전한 나눔의 삶을 살라는 것인데, 거기에다 여덟까지 나누라는 것은 완전한 나눔을 넘어 풍성한 나눔을 하라는 뜻이다. 왜냐하면 언제 재앙이 닥칠지 모르기 때문이다. 많은 사람이 평생자기 일만 하다가 그 일에 큰 어려움이 오면 그냥 망하고 만다. 평소 주위에 있는 사람들에게 많이 나눠준 사람은 큰 재난이 와도 피할 길이 준비되어 있다.

플레밍이라는 사람이 있었다. 그는 스코틀랜드의 가난한 농부였다. 그는 어느 날 한 소년이 개울에 빠져 허우적거리는 것을 보았다. 플레밍은 하던 일을 멈추고 개울로 뛰어들어 그 소년을 구해주었다. 그 소년은 부잣집 아들이었다. 집에 돌아온 소년은 아버지에게 자초지종을 말했다. 그 얘기를 들은 아버지는 농부에게 찾아와 보상하고 싶다며 농부의 아들을 공부시켜주기로 했다. 농부의 아들은 그 부자의 도움으로 당시 가장 좋은 학교에 들어갔고, 런던에 있는 의과대학을 졸업하여 당대 최고의 의사가 되었다.
오랜 시간이 흐른 후 물에 빠졌던 소년은 자라서 영국의 수상이 되었다. 그가 바로 윈스턴 처칠이다. 처칠은 테헤란 국제회의에 참석하였다가 결핵에 걸려 죽게 되었는데, 그때 페니실린을 발명한 의사가 그를 죽음에서 살려냈다. 그 의사가 바로 처칠의 아버지가 공부시켜준 알렉산더 플레밍이다. 인생은 참 신비하다. 내가 베풀면 그 베풂이 언제인지 모르지만 다시 나를 살려준다.

이런 이야기는 성경에도 나온다. 엘리야 시대에 한 과부가 있었다. 온 이스라엘이 가뭄으로 굶어 죽어갈 때였다. 그 과부는 마지막으로 남은 한 개의 빵과 한 병의 기름으로 엘리야를 대접하였다. 그러자 하나님께서 그 집에 기름이 가득 넘치게 해주셨다. 이처럼 풍요로움은 나누고 베풀 때 부어지는 복이다. 만약 엘리야 시대의 그 과부가 나에게는 엘리야 선지자에게 줄 빵이 없다고 하며 베풀지 않았다면 그냥 한 개밖에 없는 빵을 먹고 배고파 죽고 말았을 것이다. 당신이 당신의 것을 붙잡고 주먹을 꽉 움켜쥐고 있으면 더는 하나님의 복을 받을 수 없다. 아무리 오래 교회에 다녀도 나 자신만을 위해 사는 이기적인 생각을 버리지 않으면 절대로 하나님께서 베푸시는 복을 받을 수 없다.

예수님께서 이렇게 말씀하셨다. "주라. 그리하면 너희에게 줄 것이니 곧 후히 되어 누르고 흔들어 넘치도록 하여 너희에게 안겨주리라"(눅 6:38). 수많은 사람이 이기주의에 빠져 자기 유익만 추구한다. 그러나 예수님은 주는 자의 복을 말씀하고 계신다. 당신이 풍성한 삶을 살기 원하는가? 내 이익을 추구하지 말고 손해를 보고 베풀라. 자기 이익만 추구하는 사람은 자신이 속한 장소에 암적인 존재가 되고, 손해를 보고 베푸는 것을 선택하는 사람은 자기가 속한 장소에 축복의 통로가 된다. 가정에서도 나의 이익을 추구하는 식구가 많으면 그 가정은 전쟁터가 될 것이고, 가족의 유익을 위해 손해 보는 식구가 많으면 그 가정은 천국이 될 것이다.

당신은 교회에 다니는가? 당신에게 믿음이 있는가? 그렇다면 일상에서 손해 보는 자로 살라. 베푸는 자가 되라. 받는 자가 아니라 주는 자로 살라. 주는 자로 살 때, 베푸는 자로 살 때 모든 복은 결국 당신에게 돌아올 것이다.

이제 전도서 11장 3절을 보자. "구름에 비가 가득하면 땅에 쏟아지며." 하늘에 구름이 가득하면 땅에 비가 쏟아진다는 것은 너무나 당연한 자연의 법칙이다. 그런데 하늘의 구름은 어디서 나오는가? 바로 땅에서 수증기가 위로 올라가는 것이다. 땅에서 수증기가 위로 올라가지 않으면 구름은 생기지 않는다. 사막에는 구름이 없다. 왜냐하면 사막에서 수증기를 올려보내지 않기 때문이다. 사람들은 구름이 없어서 사막이 된다고 생각하는데 거꾸로다. 사막에서 수증기가 올라가지 않기 때문에 구름이 없는 것이다.

삶이 풍성하지 않은 것은 하늘의 복이 부어지지 않아서가 아니라 내 삶의 축복 거리를 하늘로 보내지 않아서다. 먼저 내가 나누고 베풀고 섬겨야 하늘의 복이 부어진다. 가난을 대물림하는 사람들은 나누는 복을 모르는 자들이다. 빈민사역을 하는 한 선교사는 자신의 가정에 재정이 부족하면 남아 있는 재정을 다 긁어모아 쌀을 사서 가난한 이웃에게 다 나누어주곤 한다고 했다. 그러면 그는 영락없이 하나님께서 자신에게 큰 재정을 부어주신다고 간증한다.

하나님은 우리의 일거수일투족을 다 보고 계신다. 하나님은 우리의 선행을 다 기록하셨다가 풍성하게 갚아주신다. 가난한 사람은 "돈이 있어야 나누지" 하며 나누지 않는다. 돈이 없는가? 건강은 있는가? 그렇다면 그 건강으로 먼저 섬기라. 먼저 베풀라. 먼저 손잡아주라. 먼저 미소를 보내라. 먼저 감사를 표현하라. 그러면 하나님께서 꼭 갚아주실 것이다.

나누는 인생에 대해서 솔로몬은 전도서 11장 4절에서 이렇게 말한다. "풍세를 살펴보는 자는 파종하지 못할 것이요 구름만 바라보는 자는 거두지 못하리라." 이 말씀은 나누고 베푸는 데 있어서 늘 시기를 찾는 자는 나눌 수도 베풀 수도 없다는 것이다. 농부가 봄에 씨를 뿌려야 가을에 추수하는데 봄철에 바람이 심하게 불 때가 있다. 바람이 심할 때 씨를 뿌리면 그 씨가 다 날아가버린다. 비가 내릴 때 수확을 하면 비를 맞아 썩어버린다. 이렇게 계속 하늘만 쳐다보는 자는 씨 뿌릴 시기가 다 지나가버리고 수확할 좋은 기회도 다 놓치게 된다. 그래서 이 구절은 너무 계산하면서 살지 말고 그냥 때를 얻든 못 얻든 나누고 베풀라는 뜻이다.

나누지 못하는 자들의 특징을 보면 "지금은 때가 아니다. 나중에 돈을 더 많이 벌어서 나눌 것이다" "지금은 형편이 좋지 않으니 형편이 나아지면 섬겨야지" 하고 말한다. 나누고 섬기는 데는 시기가 필요 없다. 우리 주위에 "지금은 시기가 아니다. 지금은 비가 올 것 같다. 지금은 바람이 심하게 분다"라고 하며, 무엇이 잘못되었는지 비판하는 사람은 가득하다. 우리에게 필요한 사람은 비판하는 자가 아니라 몸을 던져 헌신하는 사람이다. 모든 사람이 다 바쁘다. 모든 사람이 다 시간이 없다. 모든 사람이 다 재정이 부족하다.

> "누가 이 세상의 재물을 가지고 형제의 궁핍함을 보고도 도와줄 마음을 닫으면 하나님의 사랑이 어찌 그 속에 거하겠느냐"
> (요일 3:17).

하나님은 왜 내 기도를 들어주지 않으시냐고 불평만 하지 말고, 나누고 섬기며 베풀기 바란다.

고향에 계신 우리 어머니는 시골 동네에서 아들 다섯을 다 대학에 보냈다. 그 조그마한 시골 동네에서 어떻게 대학을 다 보냈을까? 우리 동네 큰 부잣집은 아들이 여러 명 있어도 한 명밖에 대학에 못 갔는데….

우리 어머니는 교회 강대상 위에 있는 물건은 다 어머니가 섬기셨다. 강대상, 꽃나무, 꽃꽂이, 선풍기, 목사님 음료 등. 그리고 교회에서 식당 봉사를 30년 이상 하셨다. 아들 다섯 중 4명이 목회자가 되었다. 웬 복인가? 웬 은혜인가? 섬김은 섬김으로 끝나는 것이 아니다. 만약 당신이 열심히 섬겼는데 받은 복이 없다면 그 복은 더 큰 복으로 자녀에게 대물림될 것이다.

1990년에 중국 교포들이 우리나라에 엄청 밀려온 적이 있다. 그들은 지하철 서울역과 시청역에서 중국 약제를 팔고 있었다. 나는 그 중국 교포들을 돕다가 한 목사님을 만나 그 목사님 교회의 부교역자로 부임하게 되었고, 그 교회에서 내 인생 최고의 복인 지금의 아내를 만나게 되었다. 정말 섬김은 축복이 오는 통로이다. "너는 구제할 때에 오른손이 하는 것을 왼손이 모르게 하여 네 구제함을 은밀하게 하라. 은밀한 중에 보시는 너의 아버지께서 갚으시리라"(마 6:3-4). 인생은 참 이상하다. 남에게 관심이 있으면 인생이 열리고, 나에게만 관심이 있으면 인생은 닫힌다.

지혜자 솔로몬은 전도서 11장 6절에서 또 말한다. "너는 아침에 씨를 뿌리고 저녁에도 손을 놓지 말라. 이것이 잘 될는지 저것이 잘 될는지, 혹 둘이 다 잘 될는지 알지 못함이니라." 아침에 씨를 뿌리라는 것은 젊은 날에 부지런히 씨를 뿌리라는 것이고, 저녁에도 손을 놓지 말라는 것은 은퇴하여도 나누고 베푸는 것을 중단하지 말라는 뜻이다. 틈만 나면 씨를 뿌리는 자로 살라는 의미다. 농부가 씨앗을 뿌리는 봄철에 펑펑 놀다가 가을에 수확을 기다린다면 평생 기다려도 아무것도 거두지 못할 것이다. 땅에 씨를 뿌려야 얻는 것은 자연의 법칙이며 하나님의 법칙이다. 지금 수확이 없다고 자책하지 말고 나가서 씨를 뿌리라.

언제 씨를 뿌려야 하는가? 오늘부터 뿌리라!

나중이 아니다. 눈을 뜨자마자 누구 날 도와줄 사람 없나 찾지 말고, 내가 먼저 씨를 뿌리자. 돕는 자가 저절로 나타날 것이다. 나는 집회를 나가면 내가 간 그 교회를 돕는다. 또 그 목회자에게 내가 먼저 나의 소중한 자료를 넘겨준다. "우리가 선을 행하되 낙심하지 말지니 포기하지 아니하면 때가 이르매 거두리라"(갈 6:9).

풍성한 삶을 원하는가? 떡을 물 위에 던지라. 일곱에게나 여덟에게나 풍성히 나누라. 풍세를 살피지 말고 나누라. 틈만 나면 씨를 뿌리라. 반드시 큰 복으로 받게 될 것이다. 지금 나누고 베풀며 섬기는 자의 복에 대해 얘기하고 있다. 이 얘기는 솔로몬의 마지막 인생 충고이기도 하다.

영국에 있는 청년들 연합집회에 강사로 가서 듣게 된 간증이다. 영국에서 공부를 마친 한 자매는 한국으로 돌아와 직장을 구하고 있었다. 그러던 중 전철을 타고 서울역에서 내려 광장으로 나오는데, 할머니 한 분이 무거운 짐을 들고 가는 것이 보였다. 그 자매는 할머니에게 다가가 무거운 짐을 들어주고 택시 타는 데까지 동행해주었다. 할머니는 명함을 주면서 꼭 전화해달라고 하였다.

집으로 돌아와 별생각 없이 그 할머니에게 전화하였다. 할머니는 자매에게 무엇을 하고 있느냐고 물었다. 영국에서 공부를 마치고 한국으로 돌아와 직장을 구하고 있다고 하니 송도에 있는 모 학교에 서류를 제출해보라고 권했다. 그 학교는 인천에 있는 유명한 외국인 학교였다. 자매는 반신반의하면서 그 학교에 서류를 냈다. 많은 사람이 지원을 했다.

얼마 후 학교에서 출근하라는 연락이 왔다. 참으로 놀라운 일이었다. 나중에 알고 보니 그 할머니가 그 학교 이사장이었다. 우리의 섬김은 헛된 것이 없다. 우리의 모든 섬김을 하나님께서 다 보고 계신다.

전도서는 12장에서 하나님을 경외하는 것으로 결론짓는다. 하지만 솔로몬은 12장에서 결론짓기 전에 11장에서 먼저 주는 자의 복을 말한다. 그렇다면 우리는 틈만 나면 무엇을 주어야 하는가? 우리의 상황과 관계없이 무엇을 뿌려야 하는가?

시간과 재정을 주라

나누고 베풀며 섬기는 양이 수확의 양을 정해준다. 지금의 삶이 만족하지 않는 자는 뿌리는 씨앗의 양을 늘려야 한다. 올해보다 내년이 더 나아지길 원한다면 뿌리는 씨앗을 늘려야 한다. 여유가 생길 때까지 기다리지 말고, 지금 당장 베풀고 섬기는 삶을 시작해야 한다. 은밀한 중에 보시는 하나님께서 다 갚아주실 것이다. 나누고 베푸는 자에게는 더 큰 베풂을 할 수 있는 재정을 부어주신다. 심는 대로 거두는 것은 하나님의 법칙이다. 할 수만 있다면 아무도 모르게 나누어주는 것이 좋다.

"너는 구제할 때에 오른손이 하는 것을 왼손이 모르게 하여 네 구제함을 은밀하게 하라. 은밀한 중에 보시는 너의 아버지께서 갚으시리라"(마 6:3-4). 우리가 무엇을 나눌 때 나를 드러내고 나누면 나중에 상처가 될 확률이 높다. 아무도 모르게 나누어주면 반드시 하나님께서 갚아주신다.

에너지를 주라

에너지를 준다는 것은 상대방에게 힘을 준다는 의미다. 상대방에게 밥을 사주면서 상대방의 에너지를 다 빼앗아가는 사람은 정말 나쁜 사람이다. 밥을 안 사줘도 좋다. 상대방에게 에너지를 주는 자가 되라. 돈은 없지만 우리는 얼마든지 남에게 에너지를 줄 수 있다. 작은 격려의 메모 한 장도 큰 에너지를 준다. 감사를 표현하는 것도 큰 에너지를 준다.

"지난번 큰 감동을 하였습니다."

"당신을 만나 큰 힘이 되었습니다."

"당신과 함께 있어서 즐겁습니다."

"당신은 선한 사람입니다."

"당신을 만난 것은 내게 행운입니다."

"당신은 소중한 사람입니다."

"하나님은 당신을 귀하게 사용하십니다."

"당신은 참 좋은 사람입니다."

이처럼 칭찬, 격려, 감사의 표현은 에너지를 준다.

감사카드를 쓰는 것이 버릇이 되면 좋을 것 같다. 축복카드를 쓰는 것이 습관이 되면 어떻겠는가? 격려 문자를 보내서 손해 보는 일은 없다. 당신이 상대방을 VIP로 대하면 상대방도 당신을 VIP로 대할 것이다. 당신이 상대방을 왕으로 대하면 상대방도 당신을 왕으로 대할 것이다. 그러나 당신이 상대방을 거지로 대하면 그 사람도 당신을 거지 왕초로 대할 것이다. 당신은 까다로운 사람이 되어서는 안 된다. 그런 사람을 상대방의 에너지를 다 빼앗는다. 같이 있으면 에너지를 다 뺏어가는 사람은 모든 사람이 싫어한다. 그런 사람은 변해야 한다.

너그러운 사람, 따뜻한 사람이 되어야 한다. 같이 있으면 에너지를 주는 사람이 되어야 한다. 모든 단체의 리더는 에너지를 주는 팀원을 원한다. 리더가 왜 지치는가? 에너지를 빼앗아가는 팀원이 곁에 많기 때문이다. 주위에 있는 사람들에게 따뜻한 목소리로 말해보라. 따뜻한 미소를 띄워보라. 할 말이 없는가? 그렇다면 그냥 미소만 보내라.

「퍼스트 클래스 승객은 펜을 빌리지 않는다」라는 책은 16년간 승무원으로 근무한 한 여성이 자신이 경험한 일을 토대로 쓴 책이다. 그녀는 퍼스트 클래스 승객들이 까다롭지 않고 남을 잘 배려하는 것을 보았다고 한다. 명품 인생을 사는 사람은 '섬김'과 '배려'가 몸에 배어 있다는 것이다.

예수님은 만나는 모든 사람에게 에너지를 주셨다. 예수님은 만나는 모든 사람을 살려내셨다. 당신은 당신 주위에 있는 사람에게 열정을 주는 자가 되어야 한다. 비전을 주는 자가 되어야 한다. 행복을 주는 자가 되어야 한다. 어설픈 충고를 하려 하지 말고 따뜻한 사랑의 말을 전해보라. 감사의 표현을 미루지 말라. 사랑의 표현을 미루지 말라. 오늘이 그 사람을 보는 마지막 날이 될 수도 있다.

복음을 전해주라

복음을 전해주는 것은 나눔 중에 가장 중요한 나눔이며 최고의 나눔이다. 당신이 이웃에게 돈을 주고 사랑을 주며 에너지를 주어도, 복음을 주지 않았다면 가장 중요한 것을 놓친 것이다. 우리가 불신자에게 예수님을 전하는 것만큼 중요한 일은 없다. 예수님을 전해주면 죽은 자가 살아나고, 죽은 가정이 살아나며, 죽은 민족이 살아난다. 그래서 성경에는 우리에게 때를 얻든지 못 얻든지 복음을 전하라고 명령하고 있다. "너는 말씀을 전파하라. 때를 얻든지 못 얻든지 항상 힘쓰라"(딤후 4:2).

당신은 평생에 직접 복음을 전한 사람이 몇 명이나 되는가? 올해 당신이 몇 명이나 전도하였는지 살펴보기 바란다. 하나님은 당신이 복음을 전하면 당신의 인생을 더 소중한 삶으로 인도하신다.

웃음 전도사로 알려진 황수관 장로의 간증이다. 그가 강원도 태백에 있는 예수원에 갔다가 기차를 타고 돌아오면서 옆에 앉아 있는 노신사에게 열심히 복음을 전하였다. 황수관 장로의 얘기를 다 들은 노신사는 "나도 예수를 믿는 사람이오. 하지만 당신이 어떻게 전도하는지 듣고 싶어서 예수를 안 믿는다 하고 당신의 이야기를 다 들었습니다. 지금 선생님은 무슨 일을 합니까?"라고 물었다.

황수관 장로는 "네, 저는 지방에 있는 대학에서 시간강사를 하고 있습니다"라고 대답했다.

그러자 노신사는 연세대학교에서 교수를 뽑고 있으니 서류를 내보라고 권했다. 황수관 장로는 내가 무슨 수로 연세대학교의 교수가 되겠는가 하고 의심하면서 서류를 냈다. 수백 대 일이 넘는 경쟁 속에 지방에서 시간강사를 하는 사람이 어떻게 합격하겠는가? 그런데 합격하였다. 알고 보니 그 노신사가 연세대학교의 이사장이었다. 그 후 황수관 장로는 연세대 교수가 되어 전국적으로 알려지기 시작했다.

복음을 전해주는 자로 살라. 하나님께서 복을 부어주실 것이다. 이 땅에서 복을 받지 못하면 천국에서 영원한 상급을 누리게 될 것이다. 때를 얻든지 못 얻든지 복음을 위해 시간과 재물을 주는 삶을 살라. 삶을 가치 있게 만들 것이다. 이제 마지막으로 예수님의 말씀을 꼭 기억하자.

"범사에 여러분에게 모본을 보여준 바와 같이 수고하여 약한 사람들을 돕고 또 주 예수께서 친히 말씀하신 바 주는 것이 받는 것보다 복이 있다 하심을 기억하여야 할지니라"(행 20:35).

"주는 것이 받는 것보다 복이 있다." "대접받는 것보다 대접하는 자가 복이 있다." 당신의 인생을 소비자로 살지 말고 기여자로 살기 바란다. 당신이 나누고 베풀며 섬기고 주는 삶을 산다면 반드시 도로 찾게 될 것이다. 특별한 씨를 뿌린 자는 특별한 씨를 거두게 된다. 당신이 이웃을 도우면 하나님이 당신을 도우실 것이다.

>>> 솔로몬의 인생 수업 10

당신 삶이 풍성해지길 원하는가? 그렇다면 나누고 베푸는 자로 살라. 나누고 베푸는
삶은 수확을 위해 씨를 뿌리는 것이다. 씨를 뿌리지 않으면 수확도 없다. 이것이 자
연의 법칙이다.

1. 시간과 재정을 이웃을 위해 나누라.

이웃에게 은밀하게 나누어주는 것은 하나님께 꾸어드리는 것이 되어 하나님께서 갚
아주실 것이다.

2. 에너지를 주는 자로 살라.

내 주위의 사람들에게 에너지를 주면 하나님께서 나에게 에너지를 주실 것이다.

3. 복음을 전해주는 자로 살라.

최고의 나눔은 복음을 전해주는 것이다. 틈만 나면 복음을 전하는 자로 살라. 하늘의
상급이 클 것이다.

하나님이 주시는 풍성한 복을

누리길 원하는가?

그렇다면 당신의 떡을

물 위에 던지라.

너를 보내신 너의 창조주를 기억하라

솔로몬은 왕이 되자마자 일천 번제를 드려 하나님의 마음을 감동하게 했다. 그 결과로 그는 하나님으로부터 지혜를 얻게 되었다. 그 후 그는 어떤 사람보다도 성공한 인생을 살았다. 그런데 그는 모든 것이 잘될 때 하나님을 잊고 자신의 성공에 취해 살았다. 그는 더 큰 성공을 위해, 더 큰 나라의 확장을 위해 이방 여인들을 부인으로 맞이하기 시작하였고, 그 결과 하나님을 잊고 이방 부인들이 원하는 우상을 받아들였다. 성경은 솔로몬이 하나님을 찾고 하나님을 예배할 때 그의 삶에 대해 열왕기상과 역대하에 상세히 기록하고 있다. 그러나 그가 하나님을 잊고 세상에 빠져 있었을 때는 아무리 큰 성공을 하여도 그의 기록은 몇 구절밖에 되지 않는다.

당신이 세상적으로 아무리 성공하여도 하나님을 잊고 산다면 그 삶은 천국에 기록될 것이 아무것도 없는 실패한 인생이 되고 만다. 솔로몬은 이제 인생 말년에 노인의 몸으로 구부정한 자세로 겨우 숨을 내쉬면서 있는 힘을 다해 전도서를 기록하고 있다. 그는 전도서 1장부터 인생이란 "헛되고 헛되며 헛되고 헛되니 모든 것이 헛되다"고 말한다. 누가 이런 책을 보겠는가? 누가 이런 그의 말에 귀 기울이겠는가?

그런데 솔로몬은 왜 이런 허무가 가득한 전도서를 기록하고 있을까? 바로 결론을 기록한 전도서 12장 때문이다. 전도서는 전도서 12장 때문에 위대한 책이 되고 성경에 들어가게 되었다. 전도서 12장은 허무하지 않은 진짜 인생이 무엇인지 가르쳐주고 있기 때문이다.

먼저, 전도서 12장 1절부터 살펴보자. "너는 청년의 때에 너의 창조주를 기억하라. 곧 곤고한 날이 이르기 전에, 나는 아무 낙이 없다고 할 해들이 가깝기 전에, 해와 빛과 달과 별들이 어둡기 전에, 비 뒤에 구름이 다시 일어나기 전에 그리하라"(전 12:1-2).

솔로몬은 전도서에서 인생은 허무하다는 말을 노래의 후렴처럼 기록하였다. 그는 인생 말년에 자신이 젊은 시절에 자신을 즐겁게 하던 것도 헛되고, 사업을 크게 하는 것도 헛되며, 집을 크게 짓는 것도 헛되고, 정원을 가꾸는 것도 헛되며, 금은보화를 가지는 것도 헛되고, 모든 수고가 다 헛되다고 말한다. 그는 또 뛰어난 재주도 헛되고, 왕이 되어도 헛되다고 말한다. 그는 심지어 지혜도 헛되다고 말한다. 솔로몬은 전도서에서 '헛되다'는 말을 무려 36번이나 하고 있다.

솔로몬은 왜 그렇게 인생이 허무하고 헛되다고 말할까?
그 이유는 바로 창조주 하나님을 잊고 살았기 때문이다.

당신이 창조주가 아니라 피조물인 것을 알고, 당신을 만드신 창조주 하나님을 찾는다면 허무하던 인생이 의미 있는 인생이 될 것이다. 아무리 지혜가 있고 위대한 성공을 해도 창조주이신 하나님을 모르는 사람은 왜 사는지 모르는 방랑자이며, 무엇을 위해 사는지도 모르는 우주의 고아이다.

우주를 연구하는 천문학자들은 80~90%가 기독교인이다. '우주'라는 단어는 영어로 '코스모스'이다. 그 단어에서 나온 '코스메틱'이라는 단어는 '질서가 있고 아름답다'는 뜻이다. 우주를 연구하는 천문학자들이 우주를 관찰해보면 너무나 놀라운 질서가 있다는 것이다. 태양 주위에는 8개의 행성이 있다. 그 8개의 행성은 각각 태양을 도는 주기가 있다. 수성은 88일, 금성은 225일, 지구는 365일, 화성은 687일, 목성은 12년, 토성은 29년, 천왕성은 84년, 해왕성은 165년이다. 이 주기가 한 치의 오차도 없이 정확하다는 것이다. 태양 주위에 있는 행성의 주기가 정확하다는 것은 그 주기가 우연히 만들어진 것이 아니라 그 주기를 만드신 하나님이 계신다는 뜻이다.

우주를 보지 않고 지구 하나만 봐도 얼마나 질서정연한지 모른다.

지구는 23.5도로 기울어져 있어서 봄, 여름, 가을, 겨울이 나타난다. 태양 주위에 행성이 여러 개 있지만 23.5도로 기울어진 행성은 하나도 없다. 이것은 지구에 사는 우리에게 사계절을 주시기 위한 하나님의 특별한 계획이다.

지구 표면에는 공기가 있는 대기권이 있다. 이 대기권이 지구로 떨어지는 수십억 개의 우주 파편을 불태워 지구를 보호한다. 지구 위로 65km 상공에는 오존층이 있다. 이 오존층이 사람의 생명에 손상을 입히는 치명적인 자외선을 차단해준다. 만약 그 오존층이 없다면 이 지구상에 모든 생물은 화상을 입거나 실명하게 될 것이다.

또 대기권에는 공기가 있는데 이 공기는 질소 78%, 산소 21%, 미소 원소 1%로 구성되어 있다. 만약 대기 중에 산소의 양이 지금보다 더 많으면 이 지구의 모든 나무는 불타버릴 것이고, 산소의 양이 지금보다 더 적으면 지구의 모든 생물은 산소 부족으로 죽을 것이다. 과학자들은 산소와 질소의 비율을 황금률이라고 하며 탄성을 자아낸다. 이것은 우연히 된 것이 아니다. 오존층이 있는 것이 하나님의 은혜이고, 산소량이 적당한 것이 하나님의 은혜이다.

온 우주 만물 가운데 우연히 존재하는 것은 하나도 없다. "만물이 그로 말미암아 지은 바 되었으니 지은 것이 하나도 그가 없이는 된 것이 없느니라"(요 1:3). "이는 만물이 주에게서 나오고 주로 말미암고 주에게로 돌아감이라. 그에게 영광이 세세에 있을지어다. 아멘"(롬 11:36). "어리석은 자는 그의 마음에 이르기를 하나님이 없다 하는도다. 그들은 부패하고 그 행실이 가증하니 선을 행하는 자가 없도다"
(시 14:1). "집마다 지은 이가 있으니 만물을 지으신 이는 하나님이시
라"(히 3:4).

온 우주는 하나님께서 만드셨다. 그러나 하나님을 우주를 창조하
신 하나님으로 끝내서는 안 된다. 그 하나님이 나를 만드신 창조주이
심을 알아야 한다. 나를 만드신 분이 창조주 하나님이심을 알 때 인생
도 의미가 있고, 수고도 의미가 있으며, 지혜도 의미가 있다. 하나님
께서 나를 창조하셨다는 것은 우리에게 얼마나 큰 자존감을 주는지
모른다. 우리는 우연히 이 세상에 태어난 존재가 아니다. 우리는 하나
님의 계획 속에 하나님의 뜻에 따라 창조된 하나님의 걸작품이다.

> "우리는 그가 만드신 바라. 그리스도 예수 안에서 선한 일을 위
> 하여 지으심을 받은 자니 이 일은 하나님이 전에 예비하사 우
> 리로 그 가운데서 행하게 하려 하심이니라"(엡 2:10).

당신은 하나님께서 직접 만드셨다. 당신은 하나님의 형상으로 창
조되었다. 당신은 하나님의 형상을 닮았기에 하나님이 가지신 창조력
이 있고 기쁨이 있으며 아름다운 것을 느끼고 보고 만들 수 있다. 그
래서 당신에겐 언제나 희망이 있다. 삶에 어려움이 있는가? 당신을
만드신 분이 하나님이다. 당신을 이 세상에 보내신 분이 하나님이다.
그분이 지금도 당신을 보호하신다. 당신은 망하기 위해 이 세상에 보

내진 것이 아니다. 하나님은 당신을 통해 하나님의 선한 일을 행하실 것이다.

인생의 허무가 찾아오는가? 당신을 만드신 창조주 하나님을 기억하라. "너의 창조주를 기억하라"는 것은 당신 삶의 중심에 하나님을 모시라는 뜻이다. 내가 삶의 중심이 되면 아무리 큰 성공을 해도 허무가 밀물처럼 밀려온다. 그러나 하나님을 내 삶의 중심에 모시면 겸손해지고 감사가 넘치게 된다. 솔로몬이 "청년의 때에 너의 창조주 하나님을 기억하라"고 한 것은 꼭 '청년 때'라기보다 힘 있고 모든 것이 잘될 때 창조주 하나님을 기억하라는 뜻이다. 만약 솔로몬이 모든 일이 잘될 때 창조주 하나님을 기억하였더라면 자녀를 경건하게 키웠을 것이며, 그가 죽은 이후에 나라가 쪼개어지고 이스라엘 백성들이 노예로 팔려가는 일이 생기지 않았을 것이다.

나 때문에 우리 가문과 나라가 무너진다는 것은 정말 비극이다. 솔로몬은 인생 말년에 하나님이 나라를 아들에게 주지 않고 신하에게 주실 것이라는 예언을 듣게 된다. 그래서 솔로몬이 노년에 있는 힘을 다해 청년의 때에 창조주를 기억하라고 쓰고 있는 것은 그의 마지막 피맺힌 충고이다. 큰일을 하는 것이 중요하지 않다. 성공하는 것이 중요하지 않다. 아무리 성공해도, 아무리 위대해도 순식간에 끝나버리는 짧은 인생이다. 모든 일이 잘될 때 내가 극히 작은 피조물임을 알고 광대하신 창조주 하나님을 기억해야 한다.

솔로몬은 큰일, 위대한 일에 취해 인생이 이렇게 빨리 끝나는 줄 몰랐다. 그는 젊은 시절이 아니라 인생 말년에 창조주를 기억한 것이 큰 후회가 되었다. 그러기에 우리는 청년의 때에 창조주 하나님을 기억해야 한다. 솔로몬은 3천 년 전의 사람이다. 그가 청년의 때에 창조주를 기억하라고 3천 년 동안 말하고 있지만, 아직도 온 우주의 광대함을 전혀 의식하지 못하고 자기 일에만 빠져 평생을 사는 사람이 너무나 많다. 내가 창조주인 양 교만하게 살지 말고, 눈을 들어 창조주 하나님을 바라보고 피조물로서 겸손하게 살기 바란다. 순식간에 인생이 끝나는 날이 올 것이다. 솔로몬은 순식간에 나이가 들어가는 것을 은유적으로 기록하고 있다.

자, 먼저 전도서 12장 3~5절을 보자.

"그런 날에는 집을 지키는 자들이 떨 것이며." 이것은 사람을 집으로 표현한 것인데 집을 지키는 자가 떤다는 것은 손이 떨리게 된다는 뜻이다.

"힘 있는 자들이 구부러질 것이며." 힘 있는 다리가 굽어질 것을 말한다.

"맷돌질하는 자들이 적으므로 그칠 것이며." 이가 빠지는 것을 말한다.

"창들로 내다보는 자가 어두워질 것이며." 눈이 어두워지는 것을 말한다.

"길거리 문들이 닫힐 것이며." 귀가 잘 들리지 않는 것을 말한다.

"맷돌 소리가 적어질 것이며." 식욕이 점점 없어질 것을 말한다.

"새의 소리를 말미암아 일어날 것이며." 잠이 없어져서 일찍 일어나게 될 것을 말한다.

"음악 하는 여자들이 다 쇠하여질 것이며." 목소리에 점점 힘이 없어질 것을 말한다.

지금까지 이런 솔로몬의 은유는 나이가 들어감을 아름답게 표현한 묘사이다. 계속보자.

"높은 곳을 두려워할 것이며." 이것은 나이가 들면 높은 곳은 숨이 차서 잘 다니지 못한다는 것이다.

"길에서는 놀랄 것이며." 보행이 어렵다는 것이다.

"살구나무가 꽃이 필 것이며." 이것은 검은 머리가 흰머리가 되는 것을 말한다.

"메뚜기도 짐이 될 것이며." 작은 메뚜기도 짐이 될 만큼 몸에 기력이 없는 것을 말한다.

"정욕이 그치리니." 몸에 모든 의욕이 사라지는 것을 말한다.

"영원한 집으로 돌아가고." 죽음을 말한다.

계속해서 전도서 12장 6~7절을 보자.

"은 줄이 풀리고 금 그릇이 깨지고 항아리가 샘 곁에서 깨지고 바퀴가 우물 위에서 깨지고." 금 그릇이나 항아리는 다 사람을 상징한다. 금 그릇이 깨지고 항아리가 깨지는 것도 다 사람의 죽음을 말한다.

"흙은 여전히 땅으로 돌아가고 영은 그것을 주신 하나님께로 돌아가기 전에 기억하라." 솔로몬은 사람이 죽으면 육체는 땅에 묻히지만 영은 하나님께 돌아가는 것을 말하고 있다. 그래서 솔로몬은 "너의 창조주 하나님을 기억하라"고 말한다.

"너의 창조주를 기억하라"는 것은 단지 창조주가 있다는 것을 기억하라는 뜻이 아니다. "너의 창조주를 기억하라"는 것은 매 순간 그분을 삶의 중심에 두고 그분을 의식하며 경건하게 살라는 의미다. 전도서 12장은 전도서의 마지막 결론이다. 솔로몬은 전도서의 결론으로 창조주를 기억하라는 말을 세 번이나 반복하고 있다.

"창조주를 기억하라"(전 12:1).
"구름이 일어나기 전에 다시 그리하라"(전 12:2).
"하나님께로 돌아가기 전에 (창조주를) 기억하라"(전 12:7).

솔로몬은 왜 이렇게 세 번이나 거듭 창조주를 기억하라고 강조하고 있는가? 솔로몬은 자신의 인생이 이렇게 허무한 것은 바로 창조주이신 하나님을 잊어버리고 살았기 때문이라는 것을 너무나 뼈저리게 깨달았기에, 자신의 글을 읽는 모든 사람에게 창조주를 기억하라고 외치는 것이다. 당신의 일을 그만 쳐다보고 창조주 하나님을 바라보라. 그분의 위대하심을 바라보라. 태양의 크기가 얼마나 되는지 아는가? 지구의 130만 배나 된다. 우리가 사는 은하계에 별이 얼마나 많은지 아는가? 약 2천억 개나 있다. 우주에는 이런 은하계가 1700억 개나 된다. 그것을 다 지으신 분이 하나님이다.

하나님은 우리가 상상하는 것보다 훨씬 위대하고 존귀하시다. 그분의 크심을 알고 우리의 작음을 알라. 그분은 광대한 우주를 창조하신 분이시며, 우리는 해변의 모래알보다 작은 존재이다. 광대하신 하나님 앞에서 우리의 인생은 바닷물에 떨어지는 한 방울의 빗물만큼도 안 된다. 그런데 기쁜 소식은 그 광대하신 하나님께서 먼지 같은 나를 창조하고 사랑하신다는 사실이다. 그러므로 당신 자신에게서 빠져나와 하나님을 경배하라. 하나님을 높이라. 나를 창조하신 하나님을 바라보라. 나를 창조하신 하나님 앞에 무릎 꿇으라. 나를 지으신 하나님 앞에 겸손하라. 우리의 금 그릇이 깨어지는 날이 온다. 생각지도 않았던 순간에 샘 곁에서 항아리가 깨어지는 날이 온다.

그렇다면 후회하지 않는 진짜 인생은 어떻게 살아야 하는가? 전도서 12장 13절을 보자. "일의 결국을 다 들었으니 하나님을 경외하고 그의 명령들을 지킬지어다. 이것이 모든 사람의 본분이니라."

하나님을 경외하라

솔로몬은 처음 왕이 되어 무엇을 어떻게 해야 할지 모를 때 일천 번제를 드리면서 하나님을 찾고 하나님께 매달렸다. 그때 하나님께서 그에게 지혜를 주셨다. 그러나 그가 하나님이 주신 지혜로 성공하게 되자 하나님을 잊었다. 그 후 그의 인생은 다 허무였다. 그는 그가 마지막으로 쓴 책의 마지막 결론으로 창조주를 기억하라고 하면서 그 창조주를 기억하는 것은 하나님을 경외하는 것이라고 말한다.

하나님을 경외한다는 것은 하나님을 존경하면서 두려워한다는 뜻이다. 솔로몬은 모든 것이 잘될 때, 성공할 때, 젊을 때 하나님을 경외하지 않았다. 당신은 지금 젊은가? 지금 모든 일이 잘되고 있는가? 지금 건강한가? 하나님을 경외하기 바란다.

하나님을 경외하는 것은 죄를 미워하는 것이다. "여호와를 경외하는 것은 악을 미워하는 것이라. 나는 교만과 거만과 악한 행실과 패역한 입을 미워하느니라"(잠 8:13).

하나님을 경외하는 자는 악한 생각, 죄 된 생각을 하지 않는다.
하나님을 경외하는 자는 교만하거나 거만하지 않다.
하나님을 경외하는 자는 패역한 입, 거짓말, 비판, 험담을 하지 않는다.

하나님을 경외하는 것은 하나님이 싫어하시는 것을 싫어하고, 하나님이 좋아하시는 것을 좋아하는 것이다. 수많은 그리스도인이 하나님께서 우주의 창조주이심을 믿는다. 그런데 하나님을 경외하며 살진 않는다. 하나님을 경외하는 자는 사람을 무서워하거나 사람을 두려워하지 않는다. 하나님을 경외하는 자는 하나님만 두려워한다. 사도 바울은 하나님만 기쁘시게 하기 위해 산다고 고백했다. "이제 내가 사람들에게 좋게 하랴, 하나님께 좋게 하랴. 사람들에게 기쁨을 구하랴. 내가 지금까지 사람들의 기쁨을 구하였다면 그리스도의 종이 아니니라"(갈 1:10).

윈스턴 처칠은 정말 위대한 영국 수상이었다. 한번은 동료 국회의원들에게 악한 공격을 받는데도 왜 고통스러워하지 않느냐는 질문을 받았을 때 그는 이렇게 대답했다. "내게는 단 한 분의 청중밖에 없습니다." 참 위대한 고백이다. 당신이 이런 고백을 한다면 당신의 인생은 위대한 인생이 될 것이다.

스코틀랜드의 종교개혁자이며 기도의 대가로 큰 존경을 받았던 존 낙스 목사의 무덤에는 이런 묘비명이 쓰여 있다. "여기 하나님을 두려워하였으므로 사람을 두려워하지 않는 사람이 누워 있다." 존 낙스의 기도는 대부분 응답되었다. 그가 기도하면 그 당시 왕이었던 메리 여왕도 덜덜 떨었다.

'그런데 왜 내 기도는 응답되지 않는가?' 하며 불평하지 말라. 기도 응답 이전에 먼저 하나님을 경외하라. 당신이 하나님을 귀히 여기고 하나님을 높인다면 하나님께서 당신을 귀히 여길 것이고, 당신이 하나님을 우습게 여긴다면 하나님도 당신을 우습게 여길 것이다. "나를 존중히 여기는 자를 내가 존중히 여기고 나를 멸시하는 자를 내가 경멸하리라"(삼상 2:30).

당신이 만약 사람을 의식하지 않고 하나님을 의식하며 하나님을 경외하는 삶을 살기만 한다면, 하나님의 모든 은혜가 당신에게 부어질 것이다. 항상 여호와를 경외하라. "네 마음으로 죄인의 형통을 부러워하지 말고 항상 여호와를 경외하라"(잠 23:17). 당신에게 하나님의 크신 은혜가 부어지길 원하는가? 그렇다면 하나님을 두려워하고 하나님을 경외하라. "주를 두려워하는 자를 위하여 쌓아 두신 은혜 곧 주께 피하는 자를 위하여 인생 앞에 베푸신 은혜가 어찌 그리 큰지요"(시 31:19). 하나님을 경외하는 자에게는 큰 은혜가 있다. 지금 당신에게는 하나님을 경외함이 있는가?

하나님의 명령을 지키라

"일의 결국을 다 들었으니 하나님을 경외하고 그의 명령들을 지킬지어다. 이것이 모든 사람의 본분이니라"(전 12:13). 하나님을 경외한다면 당연히 하나님의 말씀에 순종할 것이다. 하나님을 존경하고 두려워한다면 그분의 말씀을 지키는 것은 당연하다. 말로 하나님을 경외하는 것은 진짜가 아니다. 하나님을 경외하는 것은 행동으로 드러나야 한다. 행동으로 하나님을 경외하는 것을 드러내지 않는다면 참 경외가 아니다. 진짜 경외는 순종으로 드러나야 한다. 당신이 하나님을 경외하는지 아닌지는 하나님 말씀에 대한 순종으로 알 수 있다.

하나님께서 아브라함에게 100세에 낳은 아들 이삭을 바치라고 말씀하였을 때 아브라함의 순종을 보신 하나님은 아브라함이 하나님을 경외하는 줄 알았다고 말씀하셨다. "사자가 이르시되 그 아이에게 네 손을 대지 말라. 그에게 아무 일도 하지 말라. 네가 네 아들 네 독자까지도 내게 아끼지 아니하였으니 내가 이제야 네가 하나님을 경외하는 줄을 아노라"(창 22:12).

당신은 하나님을 경외하길 원하는가? 그렇다면 말씀에 순종하라. 당신이 하나님을 경외하면 경외할수록 순종이 쉬워진다. 순종이라는 것은 즉시 기쁘게 하는 것이다. 아브라함은 아들을 바치라는 음성에 즉시 순종했다. 그 후 아브라함은 하나님의 풍성한 은혜를 누렸다. 하나님의 말씀에 순종하는 자만이 하나님의 지식이 무한하시며 하나님의 계획이 엄청나다는 사실을 알게 된다. 만약 모세가 하나님의 말씀에 순종하지 않았다면 그는 열 번의 기적을 보지 못하였을 것이고, 홍해가 갈라지는 일도, 광야에서 만나가 내리는 기적도 보지 못하였을 것이다.

순종에는 하나님의 무한한 은혜가 준비되어 있다.

내가 무엇을 해야 하는가보다 내게 말씀하시는 분이 누구신지 아는 것이 중요하다. 하나님은 온 우주를 만드신 창조주이시며, 당신을 만드신 창조주이시다. 하나님은 무에서 유를 창조하신 분이고 생명을 주시는 분이다. 아담의 불행은 하나님의 말씀에 순종하지 않았던 것이고, 두 번째 아담인 예수님의 위대함은 하나님의 말씀에 순종한 것이다. 지금 이 순간 하나님의 말씀에 순종하라. 당신이 말씀에 순종하지 않았던 것이 무엇인가? 지금 성령께서 주시는 그 음성에 순종하라.

지금 죄 된 것이 있다면 회개하고, 그 죄를 완전히 버리라. 지금 중독에 빠져 있다면 중독된 것에서 완전히 돌아서라. 그것이 진짜 인생을 잘사는 비결이다. 솔로몬은 창조주 하나님을 경외하며 사는 것이 인간의 진짜 삶이라고 말한다. 당신은 오늘 진짜 삶을 살고 있는가? 아니면 사나 마나 한 허무한 삶을 살고 있는가? '나' 라는 감옥에 갇혀 나를 행복하게 하려는 삶을 깨뜨리고 내 안에 하나님을 가득 채운다면 놀라운 일이 일어날 것이다. 내 중심이 하나님 중심으로 바뀌고, 내 나라가 하나님 나라로 바뀌면 진짜 인생이 시작된다. 내 성공, 내 행복, 내 왕국이 무너지고, 작고도 작은 내 안에 하나님을 주인으로 모시고 사는 것이 이 땅을 사는 우리 삶의 본분이다.

인생은 복잡하거나 어려운 것이 아니다. '나' 라는 감옥에 갇힌 초라한 나에게 나를 이 땅에 보내신 하나님을 초청하여 왕으로 모시고, 그분의 음성에 순종하며 겸허하게 살면 된다. 하나님께서 왕이 되면 참 자유가 있다. 더는 두려움이 없고 염려가 없으며 부족함도 없다.

이제 지혜자 솔로몬의 마지막 조언에 귀 기울여보자. "하나님은 모든 행위와 모든 은밀한 일을 선악 간에 심판하시리라"(전 12:14). 하나님은 우리의 모든 행위를 은밀한 중에 심판하신다. 솔로몬은 자신이 젊을 때 나라의 영토가 확장되고, 하는 일마다 잘될 때 큰 성공을 하였다고 생각했다. 그런데 하나님을 잊고 이룬 자신의 성공이 자신에게 큰 고통이 될 줄 몰랐다. 솔로몬은 지금 인생 말년에 나라를 물려줄 아들의 영성이 엉망인 것을 보고 자신이 심판받고 있음을 알았다. 그는 앞으로 이 부강한 나라가 무너지리라는 하나님의 책망을 듣고 마음이 무너졌다.

오늘의 성공이 내일의 성공을 보장해주지 않는다. 오늘 더디더라도 하나님을 경외해야 한다. 오늘 안 되는 것 같더라도 하나님을 경외해야 한다. 은밀한 중에 보시는 하나님께서 다 갚아주실 것이다. 요즘은 수명이 길어져서 노후를 준비해야 한다고들 말한다. 은퇴를 준비하는 것은 정말 잘하는 일이다. 그러나 당신은 은퇴생활 이후, 그 노후 이후 그 너머의 삶을 준비하고 있는가?

솔로몬은 이제 모든 삶을 정리하고 하나님 앞에 설 것을 생각할 때 정말 마음이 아팠다. 솔로몬은 인생을 부유하게 살았는데 하나님의 심판 앞에서는 초라했다. 은퇴생활 이후, 우리의 일생을 마친 이후 하나님의 심판을 준비하는 지혜로운 자가 되라. 매일 경건하게 살면서 천국을 준비하는 자는 오늘 죽어도 행복할 것이다. 당신을 만드신 창조주 하나님을 기억하라. 우리는 하나님 없이는 내가 한 모든 것이 헛된 것이 되도록 창조되었다. 아무리 행복한 가정이라도 하나님이 없다면 그 가정에는 허무가 밀려올 것이다. 아무리 위대한 성공을 해도 하나님이 없다면 그 성공은 모래 위에 쌓은 모래성에 불과한 것이다.

하나님은 당신과 내가 하나님 없이 하는 모든 것에는 공허감을 느낄 수밖에 없도록 설계해 놓으셨다. 우리는 하나님을 높일 때 가장 행복하고, 하나님을 찬양할 때 가장 기쁘며, 하나님과 동행할 때 가장 큰 만족을 누리도록 창조되었다. 그래서 어거스틴은 이런 말을 남겼다. "하나님은 하나님을 위해 우리를 지으셨으며, 우리의 마음이 하나님 안에서 쉬지 않는 한 결코 휴식함이 없다." 그러기에 우리는 매 순간 창조주 하나님을 기억하고, 그분을 높이며, 나 자신이 피조물임을 알고 더욱 겸손해야 한다.

한 번밖에 살지 않는 인생,
내 꿈에 취해 인생 낭비하지 말고
그분을 경외하며 그분의 말씀에 순종하라.
그것이 진짜 인생을 사는 것이다.

솔로몬은 하나님을 경외하고, 하나님의 말씀에 순종하는 삶이 사람의 본분, 진짜 인생이라고 결론짓는다. 지금 가지고 있는 문제를 걱정하지 말고, 하나님을 경외하고 하나님의 말씀에 순종하지 않는 삶을 걱정하라. 하나님을 경외하면 하나님께서 모든 것을 해결해주실 것이다. 솔로몬의 마지막 메시지는 솔로몬의 유언과 같은 것이다.

당신의 인생을 최고의 인생으로 살고 싶은가? 그렇다면 하나님을 경외하라. 우리가 하나님을 경외하며 살기만 한다면 미래는 저절로 열릴 것이다. 하나님은 하나님을 경외하는 자의 소원과 기도를 들어주신다. "그는 자기를 경외하는 자들의 소원을 이루시며 또 그들의 부르짖음을 들으사 구원하시리로다"(시 145:19). 하나님은 하나님을 경외하는 자에게 은혜를 베푸신다. "너희 성도들아 여호와를 경외하라. 그를 경외하는 자에게는 부족함이 없도다"(시 34:9). "이는 하늘이 땅에서 높음같이 그를 경외하는 자에게 그의 인자하심이 크심이로다"(시 103:11).

나는 이 전도서 12장의 내용을 설명하는 것이 너무 짧고 가볍지 않았나 하는 생각이 든다. 솔로몬의 전 인생의 마지막 외침을 너무 쉽게 지나가지 않았나 하는 안타까움이 있다. 전도서의 끝에서 당신의 진짜 삶이 시작되기 바란다.

"너의 창조주를 기억하라.
너의 창조주를 기억하라.
너의 창조주를 기억하라!"

순식간에 인생은 끝이 나고 하나님이 당신의 행한 모든 것을 심판하실 것이다. 아무리 창조주 하나님을 기억하고 하나님을 경외하며 하나님의 말씀에 순종하라고 하지만, 여전히 세상의 것에만 관심 있고 애정 있는 자신을 회개하는 시간을 가져야 한다. 자신을 높이지 말고 하나님을 높여야 한다. 자기 꿈에 취해 인생을 낭비하지 말고 하나님을 높이라. 그것이 후회하지 않는 참 인생을 사는 법이다.

>>> 솔로몬의 인생 수업 11

후회하지 않는 진짜 인생은 어떻게 살아야 하는가?

　1. 하나님을 경외해야 한다.
　2. 하나님의 명령을 지켜야 한다.

한 번밖에 없는 인생, 하나님을 경외하며 후회 없는 삶이 되길 바란다. 하나님을 경외하는 자의 인생은 그냥 아름다운 인생이 아니라 누가 보아도 찬란하고 눈부신 인생이 될 것이다. 당신의 생애는 살아서 사람들에게 칭찬받는 삶이 아니라 죽어서 하나님 앞에서 칭찬받는 인생이 될 것이다.